お菓子屋さんでフランス語

酒巻洋子

SANSHUSHA

パリの街中で一際目を引くのが、ショーウインドーにかわいらしいケーキが並んだケーキ屋さん（pâtisserie［パティスリー］(f.)）。パン屋さんがケーキを作っていることも多く、パン屋兼ケーキ屋という boulangerie-pâtisserie［ブーランジュリー・パティスリー］の看板もよく見かけます。他にも宝石のようなボンボン・ショコラが並ぶチョコレート屋さん（chocolaterie［ショコラトリー］(f.)）、昔ながらの砂糖菓子や地方菓子の詰まったガラス瓶が並ぶ砂糖菓子屋さん（confiserie［コンフィズリー］(f.)）も手招きしています。濃厚な味わいの手作りアイスクリームが種類豊富に揃う、アイスクリーム屋さん（glacerie［グラスリー］(f.)）だって忘れてはいけません。街の中には至るところに甘〜い誘惑があるのです！

そんなフランス人が愛するお菓子たちはさまざまな名前で呼ばれます。お菓子全般は pâtisserie [パティスリー] (f.)、ケーキは gâteau [ガトー] (m.)、砂糖菓子は confiserie [コンフィズリー] (f.)、甘いものは gourmandises [グルマンディーズ] (f.)、friandises [フリアンディーズ] (f.)、douceurs [ドゥースール] (f.)、sucreries [スュクルリー] (f.) などなど。食べる時間もいろいろで、おやつ (goûter [グテ] (m.)) につまんだり (grignoter [グリニョテ])、食後のデザート (dessert [デセール] (m.)) にしたり、まさにフランス人の甘いもの好きが伺えるよう。もし、あなたもフランス人に負けないくらいの食いしん坊 (gourmand / gourmande [グルマン／グルマンド]) ならば、フランス菓子を作って、食べて、甘〜いフランス語ごと味わってみませんか？

はじめに 002

Chapitre 1
お菓子屋さんに行こう！ 006

Partie 1
買い物の基本 007

基本の3フレーズ 008
個数の表現 010
欲しいお菓子の名前がわからない場合 012
数量の表現 014
値段の言い方 016
● お菓子の包装いろいろ 018

Partie 2
専門店で買い物 021

ケーキ屋さん 022
バースデーケーキを頼む 028
ケーキ屋さんにあるお菓子たち 034
● 季節のお菓子いろいろ 050
チョコレート屋さん 054
チョコレート屋さんにあるチョコレートたち 060
● チョコレート用語いろいろ 064
砂糖菓子屋さん 066
砂糖菓子屋さんにある砂糖菓子たち 072
● フランス各地方の銘菓いろいろ
074
アイスクリーム屋さん 078
アイスクリーム屋さんにあるアイスたち 084
● 地方のビスキュイいろいろ 086

SOMMAIRE

Chapitre 2
お菓子を作ろう！　088

Partie 1
基本の製菓用語　089

製菓道具　090
製菓材料　094
製菓専門用語　100
レシピ内の文　104

Partie 2
実践のお菓子レシピ　117

Recette 1　Mousse au chocolat　118
Recette 1を読解しよう！　120
レシピ1　チョコレートムース　122
Recette 2　Tarte aux pommes　124
Recette 2を読解しよう！　126
レシピ2　りんごのタルト　128

INDEX　130

> ⚠️ 本書では、状況に応じて単語に定冠詞、不定冠詞、部分冠詞を明記しています。一見して男性名詞か女性名詞か分からない場合は、男性名詞には(*m.*)、女性名詞には(*f.*)を表記しています。

	男性単数	女性単数	部分単数
定冠詞	le (l')	la (l')	les
不定冠詞	un	une	des
部分冠詞	du (de l')	de la (de l')	des

Chapitre 1 お菓子屋さんに行こう！

Partie 1
買い物の基本

いろんな種類のお菓子屋さんがあるけれど、どこも買い物の基本は変わらず。
欲しいものを指差して、お金を払えば何でも買うことができます。
でも、あいさつだけでも、何が欲しいかだけでも
フランス語で伝えることができれば、
なんだかフランス語でコミュニケーションをした気になるというもの。
まずは最低限覚えたい言葉を見てみましょう。

基本の3フレーズ

Bonjour.
［ボンジュール］
こんにちは。

Un chou à la crème, s'il vous plaît.
［アン・シュー・ア・ラ・クレム、シル・ヴ・プレ］
シュークリームを1つください。

Au revoir.
［オーヴォワール］
さようなら。

これだけで必ずシュークリームが買えます。

フランスではどんなお店にでも入れば、「Bonjour.」「Au revoir.」とあいさつするのが基本。カウンターで列に並んで買うお菓子屋さんでは、自分の番が来たときにあいさつしましょう。欲しいものの後に「s'il vous plaît.」をつけるだけで、何でも買うことができます。

Stohrer

個数の表現

欲しいお菓子が決まっているのならば、そのお菓子の名前の前に欲しい個数をつけて注文します。1個ならば、お菓子の名前が男性名詞か女性名詞かによってunまたはuneになることに注意。でも男性か女性かを間違えたって問題なし！ 複数形はお菓子の名詞の後に複数の"s（xの場合も）"がつきますが、発音には変化はありません。

　　1個　　un / une [アン／ユンヌ]

　　2個　　deux [ドゥー]

　　3個　　trois [トロワ]

　　4個　　quatre [カトル]

　　5個　　cinq [サンク]

　　6個　　six [スィス]

　　7個　　sept [セット]

　　8個　　huit [ユイット]

　　9個　　neuf [ヌフ]

　　10個　　dix [ディス]

Trois éclairs au chocolat, s'il vous plaît.
[トロワ・ゼクレール・オ・ショコラ、シル・ヴ・プレ]
チョコレート風味のエクレアを3つください。

いくつも違うお菓子が欲しい時は "et [ェ]（〜と〜）" でつなげます。3種類以上のものが欲しい時は最後にだけ "et" をつけます。

Deux opéras et quatre madeleines, s'il vous plaît.
[ドゥー・ゾペラ・エ・カトル・マドレーヌ、シル・ヴ・プレ]
オペラ2つとマドレーヌ4つください。

Une crème brûlée, un flan et deux mille-feuilles, s'il vous plaît.
[ユンヌ・クレム・ブリュレ、アン・フラン・エ・ドゥー・ミル・フイユ、シル・ヴ・プレ]
クレム・ブリュレ1つ、フラン1つとミルフィーユ2つください。

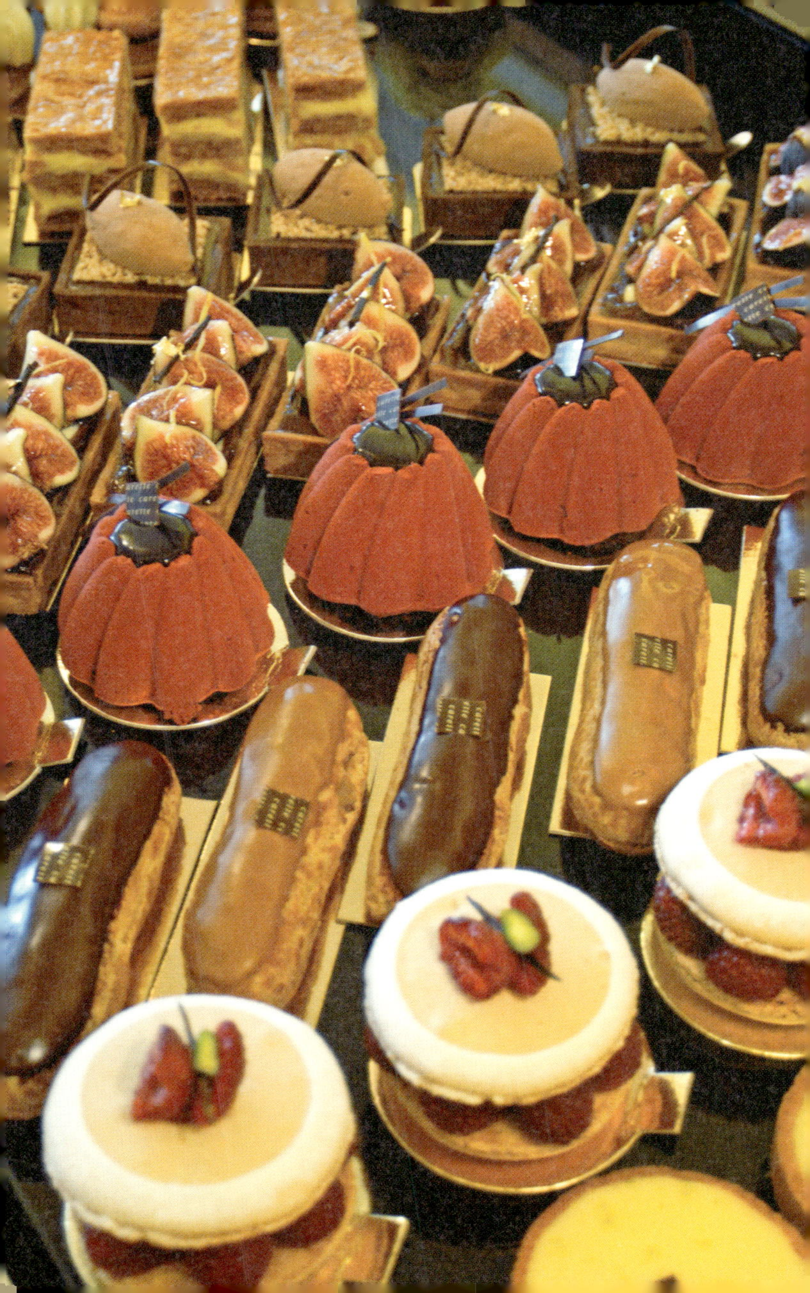

欲しいお菓子の名前がわからない場合

お菓子の名前が分からない時や、ショーケースに並んだ店オリジナルのケーキが欲しい時もあります。そんな時は、指示代名詞を使って欲しいものを指差せばOK。

【 ça 】 [サ] それ

何でもかんでも「Ça」と指差すだけで、何のことだかが伝わります。

Je voudrais ça.
[ジュ・ヴドレ・サ]
それをください。

Qu'est-ce que c'est, ça?
[ケ・ス・ク・セ、サ]
それは何ですか？

【 cela 】 [スラ] あれ
【 ceci 】 [ススィ] これ

「Ça」より丁寧な言い方をするならば「Cela」。いくつも指差したい時は、手前のものを「Ceci」、奥のものを「Cela」と区別をつけて言うこともできます。

Je prends cela.
[ジュ・プラン・スラ]
これをいただきます。

Je voudrais un de ceci et deux de cela.
[ジュ・ブドレ・アン・ドゥ・ススィ・エ・ドゥー・ドゥ・スラ]
これを1つとあれを2つください。

Verveine citron
2€90
Nougat et
Palet OR
Pâte d'Amande Pistache
2€90
Framboisine

数量の表現

商品の中には1個、2個…と単純に数えられないものもあります。

【 une part de 〜 】［ユンヌ・パール・ドゥ］ 〜の1切れ

ホールから切って売っているケーキ1切れの言い方。1個、2個で注文しても大丈夫。

Une part de gâteau basque, s'il vous plaît.
［ユンヌ・パール・ドゥ・ガトー・バスク、シル・ヴ・プレ］
ガトー・バスク1切れください。

Un gâteau basque, s'il vous plaît.
［アン・ガトー・バスク、シル・ヴ・プレ］
ガトー・バスク1つください。

【 une boîte de 〜 】［ユンヌ・ボワット・ドゥ］ 〜の1箱

何個かが詰め合わさった1箱の言い方。たいてい個数やグラム数によって、箱の大きさが異なるため、何個入り、何グラム入りで伝えます。

Je voudrais une boîte de six macarons.
［ジュ・ヴドレ・ユンヌ・ボワット・ドゥ・スィ・マカロン］
マカロン6個入りの箱1つください。

Avez-vous une boîte de deux cents grammes de marrons glacés?
［アヴェ・ヴ・ユンヌ・ボワット・ドゥ・ドゥー・サン・グラム・ドゥ・マロン・グラセ］
マロングラッセ200g入りの箱詰めはありますか？

【 un sachet de 〜 】［アン・サッシェ・ドゥ］ 〜の1袋

小さな袋詰めのものを指します。この場合もグラム数などをつけることも可能。

Deux sachets de bonbons, s'il vous plaît.
［ドゥー・サッシェ・ドゥ・ボンボン、シル・ヴ・プレ］
キャンディーを2袋ください。

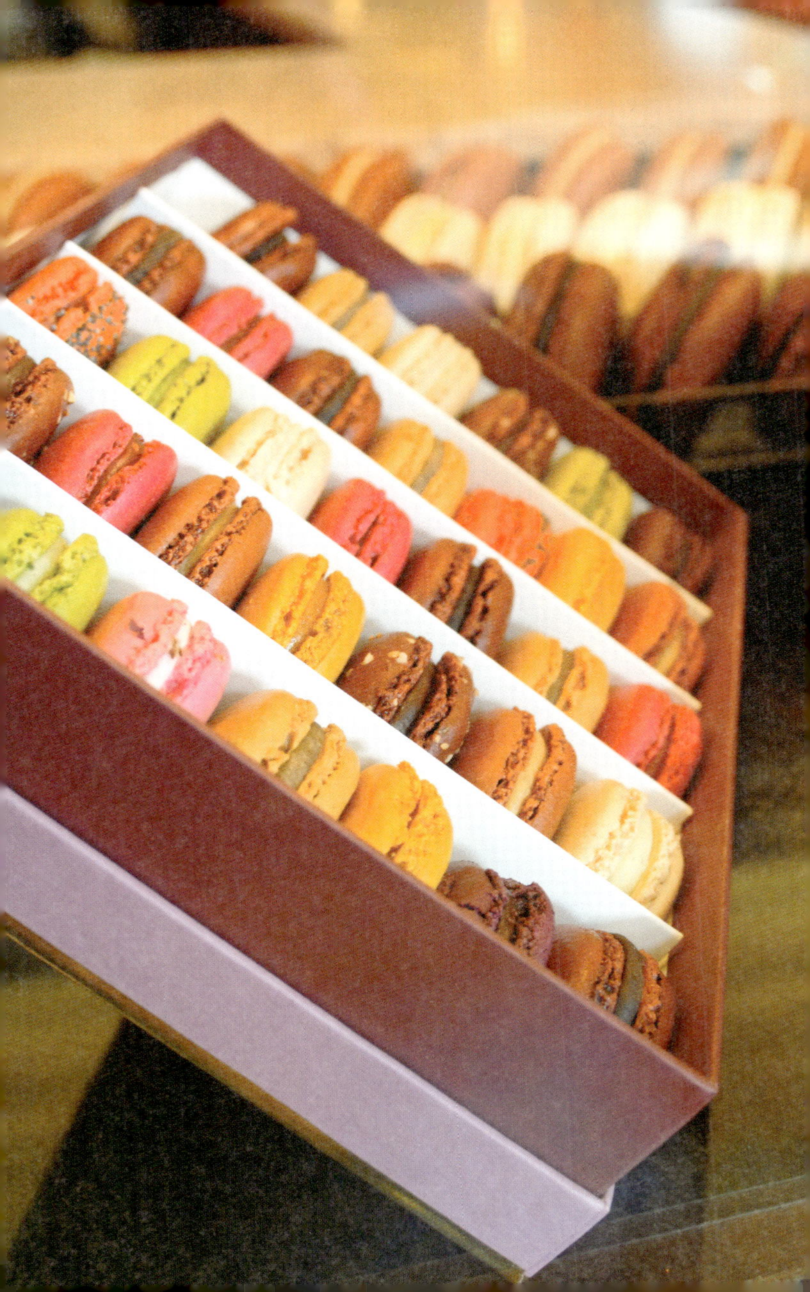

値段の言い方

【 euro 】 [ユーロ] (m.) ユーロ
【 centime 】 [サンティーム] (m.) セント = cent [サン] (m.)

通常、セントはつけず、「〜 euros 〜」と言われます。つける場合はサンティームの方が一般的。ユーロも省略して、数字だけを言われることもあります。

Six euros cinquante, s'il vous plaît.
[スィズューロ・サンカント、シル・ヴ・プレ]
6ユーロ50サンティームです。

Huit, quatre-vingts, s'il vous plaît.
[ユイット、カトル・ヴァン、シル・ヴ・プレ]
8ユーロ80サンティームです。

Ça fait dix euros soixante-seize.
[サ・フェ・ディズューロ・ソワサント・セーズ]
合計10ユーロ76サンティームです。

聞き取れなければ、

Ça fait combien?
[サ・フェ・コンビヤン]
合計いくらですか?

Ecrivez-moi le prix, s'il vous plaît.
[エクリヴェ・モワ・ル・プリ、シル・ヴ・プレ]
値段を書いてください。

とお願いしましょう。人が並んでいたって、店員さんがイライラしていたって、気にしない、気にしない。

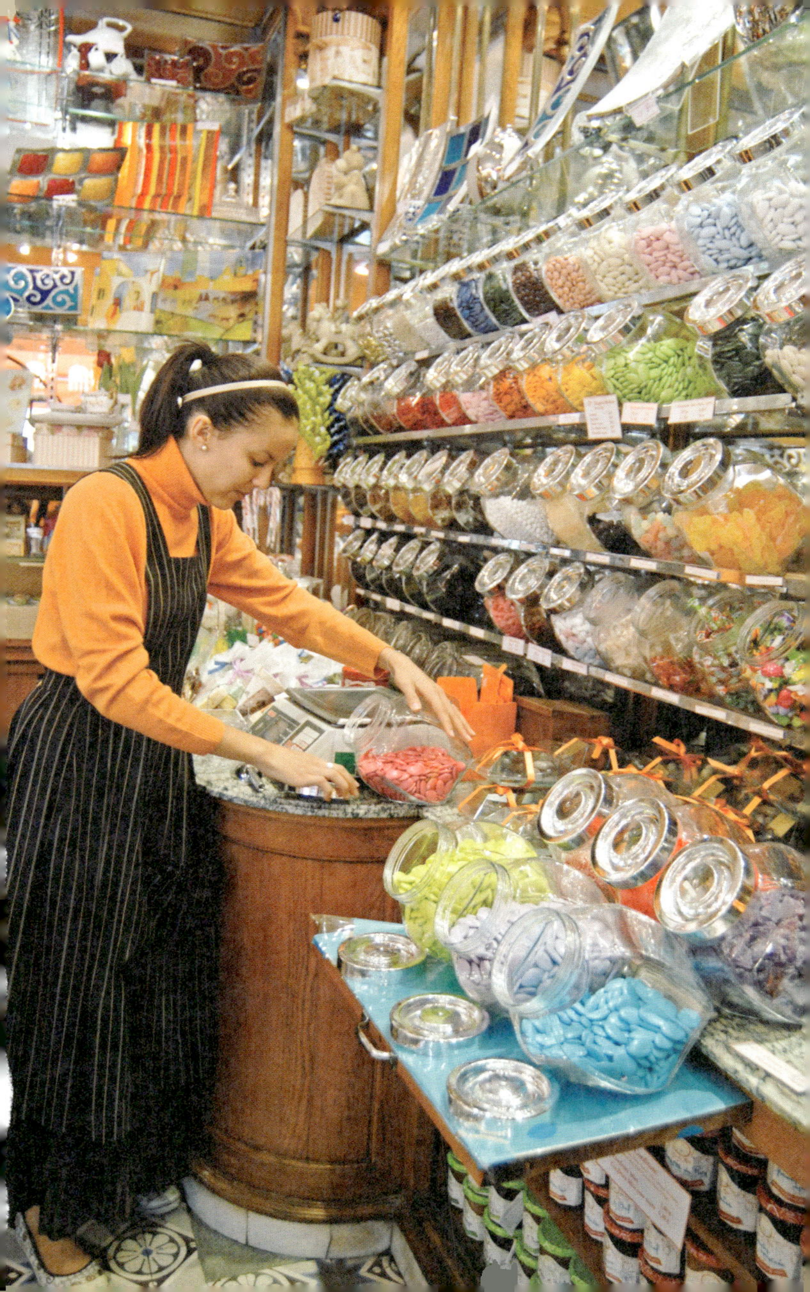

お菓子の包装いろいろ

かわいらしく包装されたお菓子はお菓子屋さんから持って帰る道中でも、食べる楽しみを膨らませてくれます。贈り物としても喜ばれる素敵なラッピングの、代表的な単語を覚えてみましょう。

ballotin [バロタン] (*m.*)
一般的にチョコレート屋さんでボンボンショコラを入れるために使う紙製の箱。1915年にベルギーのお菓子屋さんでプラリネを壊さないように作られたものだとか。ケーキを入れる紙箱は **boîte à pâtisserie** [ボワット・ア・パティスリー] (*f.*)。

boîte en bois [ボワット・アン・ボワ] (*f.*)
カマンベールチーズでお馴染みの木箱は同じ地方で作られたキャラメルやボンボン、ロレーヌ地方のマドレーヌの箱としても使われている。

boîte en métal [ボワット・アン・メタル] (*f.*)
今や少なくなりつつあるボンボンやビスケットの缶。昔ながらのパッケージデザインも魅力的。

boîte en plastique [ボワット・アン・プラスティック] (*f.*)
缶に替わって増えつつあるのがプラスティック製の箱。写真はカリソンの形を模したカリソンの入れ物。

coffret [コフレ] (*m.*)
簡易な紙製の箱のバロタンに対して、より装飾的な化粧箱のこと。リボン (**ruban** [リュバン] (*m.*)) をかければ、より華やかなプレゼントに。

cornet ［コルネ］（*m.*）

円錐形の容器のことで、ボンボンなどの量り売りで昔から使われている入れ物。街中で売られている焼き栗（marron chaud ［マロン・ショー］（*m.*））を入れるのも新聞紙で作ったコルネ。

paquet-monté ［パケ・モンテ］（*m.*）

1、2個の少量のケーキを買ったときにお菓子屋さんで包んでくれる、ピラミッド形の包み。長方形の包装紙（papier d'emballage ［パピエ・ダンバラージュ］（*m.*））の中央に台紙を敷いてケーキをのせ、ケーキの上部で包装紙の端を合わせて真ん中を指でつまむ。そこを頂点としてピラミッド形になるように両脇の包装紙を折って4辺を作り、左右に飛び出た部分は底面に折り返してテープまたはリボンで止めるというやり方。

sac en papier ［サック・アン・パピエ］（*m.*）

お菓子屋さんで持ちやすいように入れてくれる、お店のロゴなどが入った紙袋。ビニール袋なら sac en plastique ［サック・アン・プラスティック］となる。

sac à viennoiserie ［サック・ア・ヴィエノワズリー］（*m.*）

クロワッサンやパン・オ・ショコラなどヴィエノワズリーを入れる用の紙袋。くるりとひねって口を閉じる簡易包装。

sachet ［サシェ］（*m.*）

ボンボンやチョコレート、焼き菓子などを小分けにした小さな袋や包みのこと。

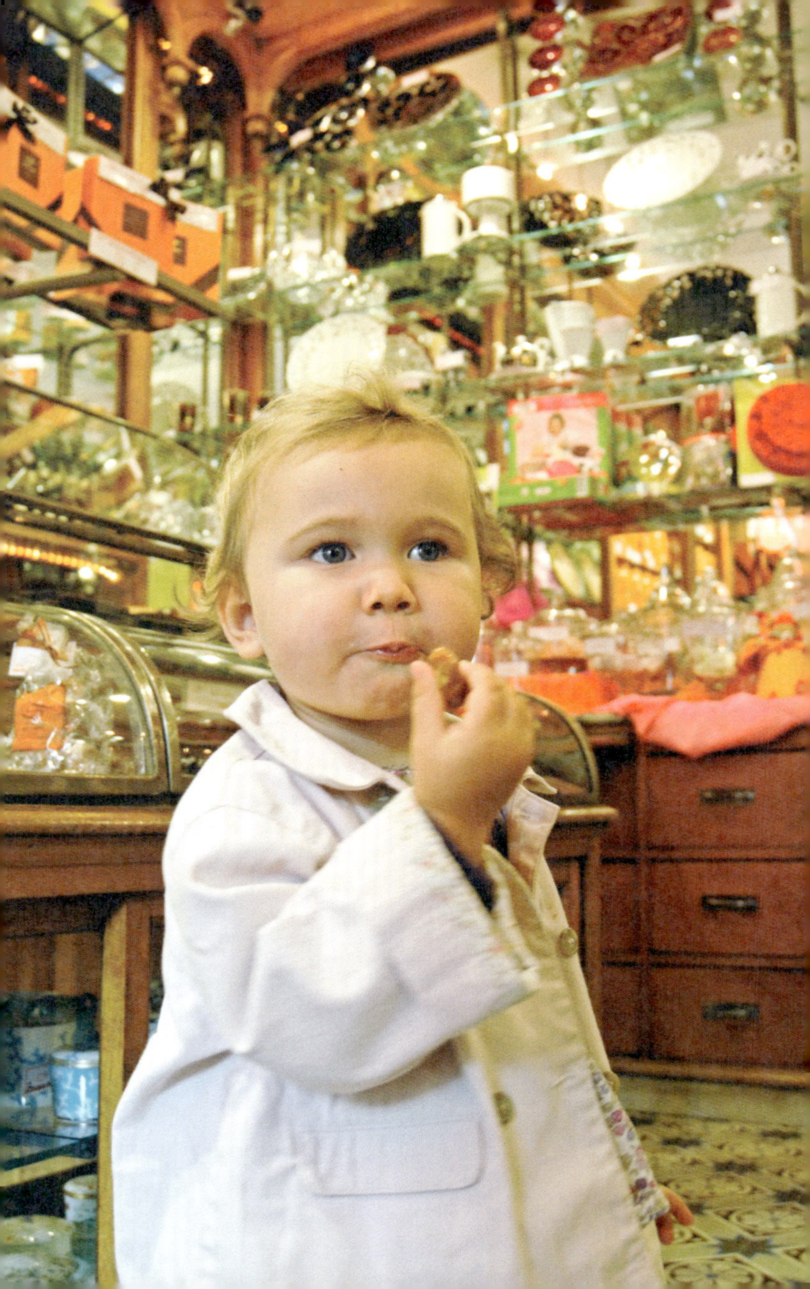

Partie 2
専門店で買い物

基本的な会話をマスターしたら、大抵の買い物はバッチリです。
次は、おいしいものがいっぱい詰まったお菓子屋さんを
より深く楽しむために、専門店別に見ていきましょう。
対面販売のフランスらしく、各お店での買い方は少しずつ異なります。
さらに店員さんにアドバイスを求めれば、
店の奥の奥からとっておきの甘味を出してくれるはず!

ケーキ屋さん

Pâtisserie [パティスリー] (*f.*)

Au suivant! Bonjour.
[オ・スュイヴァン。ボンジュール]
次の方！ こんにちは。

Je voudrais une religieuse.
[ジュ・ヴドレ・ユンヌ・ルリジューズ]
ルリジューズを1つ欲しいのですが。

Quel parfum voulez-vous?
[ケル・パルファン・ヴレ・ヴ]
何味がよろしいですか？

J'en ai à la vanille, au chocolat et à la rose.
[ジャネ・ア・ラ・ヴァニーユ、オ・ショコラ・エ・ア・ラ・ローズ]
バニラ、チョコレート、バラ風味があります。

J'en prends au chocolat, s'il vous plaît.
[ジャン・プラン・オ・ショコラ、シル・ヴ・プレ]
チョコレート風味をください。

Ce sera tout?
[ス・スラ・トゥー]
それで全部ですか？

Non, qu'est-ce que c'est, celui à la couleur orange.
[ノン、ケ・ス・ク・セ、スリュイ・ア・ラ・クルール・オランジュ]
いいえ、そのオレンジ色のものは何ですか？

C'est une mousse à la passion avec du chocolat blanc.
[セテュンヌ・ムース・ア・ラ・パスィヨン・アヴェック・デュ・ショコラ・ブラン]
パッションフルーツ風味のムースのホワイトチョコレートがけです。

Ça a l'air bon. Je le prends aussi.
[サ・ア・レル・ボン。ジュ・ル・プラン・オスィ]
おいしそうですね。それもいただきます。

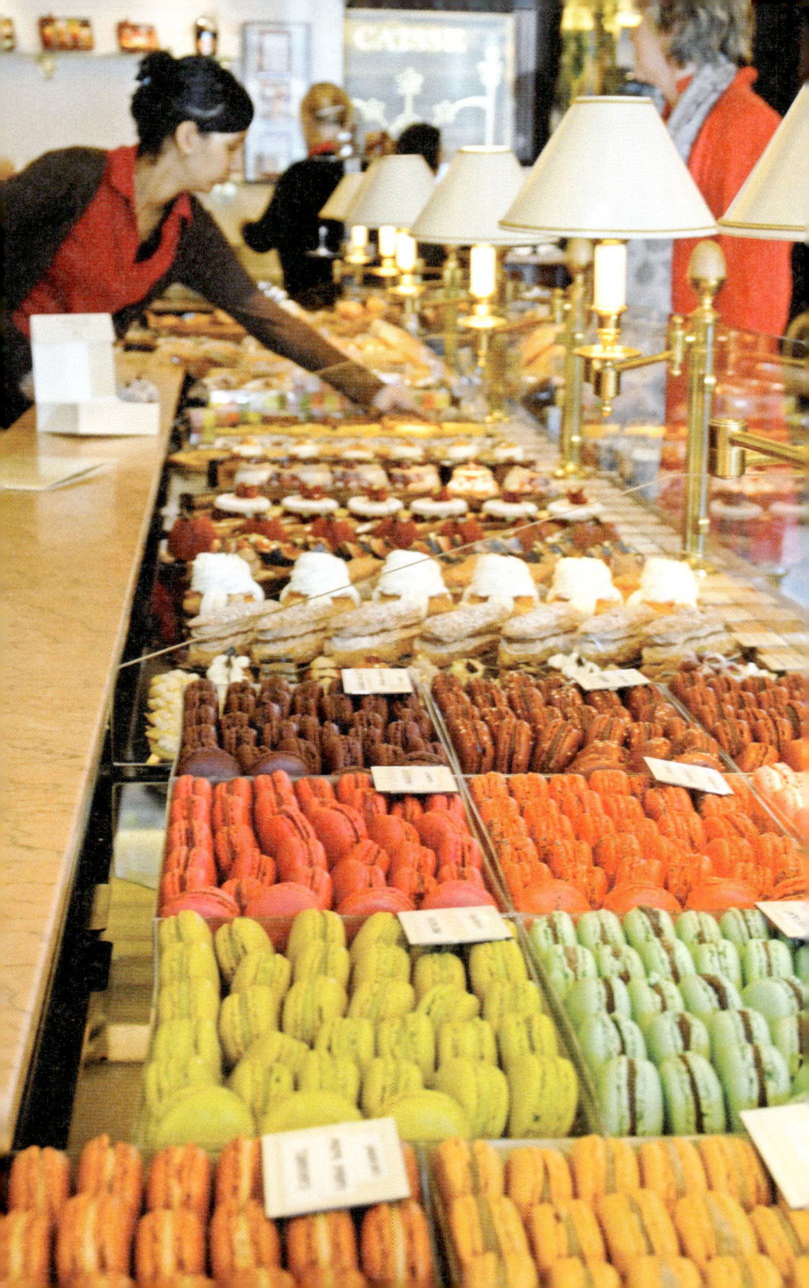
CAISSE

ケーキ屋さん

pâtissier/pâtissière [パティスィエ／パティスィエール] 菓子職人

【 Au suivant! 】 [オ・スュイヴァン] 次の方！
列がある場合は並んで待っていると、順番が来たときに注文を聞いてくれる。

A qui le tour?
[ア・キ・ル・トゥール]
どなたの番ですか？

C'est à moi.
[セタ・モワ]
私の番です。

【 Quel parfum voulez-vous? 】 [ケル・パルファン・ヴレ・ヴ]
何味がよろしいですか？

いろんな風味がある場合は注文する時に何味かもつけて言うこと。味わいは男性名詞ならば「au 〜」、女性名詞ならば「à la 〜」となるけれど、つけなくても十分伝わる。またいろんな味がある場合はこっちから聞いてみよう。

Quel parfum avez-vous?
[ケル・パルファン・アヴェ・ヴ]
何味がありますか？

Je voudrais une religieuse au chocolat.
[ジュ・ヴドレ・ユンヌ・ルリジューズ・オ・ショコラ]
チョコレート風味のルリジューズをください。

【 J'en prends au chocolat. 】 [ジァン・プラン・オ・ショコラ]
チョコレート風味をください。

すでに話題にでてきた物に数量や風味を付け加えて言う場合は、その物は中性代名詞「en」で置き換えることができる。この場合は、Je prends la religieuse au chocolat.の"la religieuse = en"で「チョコレート風味（のルリジューズ= en）をください」となっているということ。

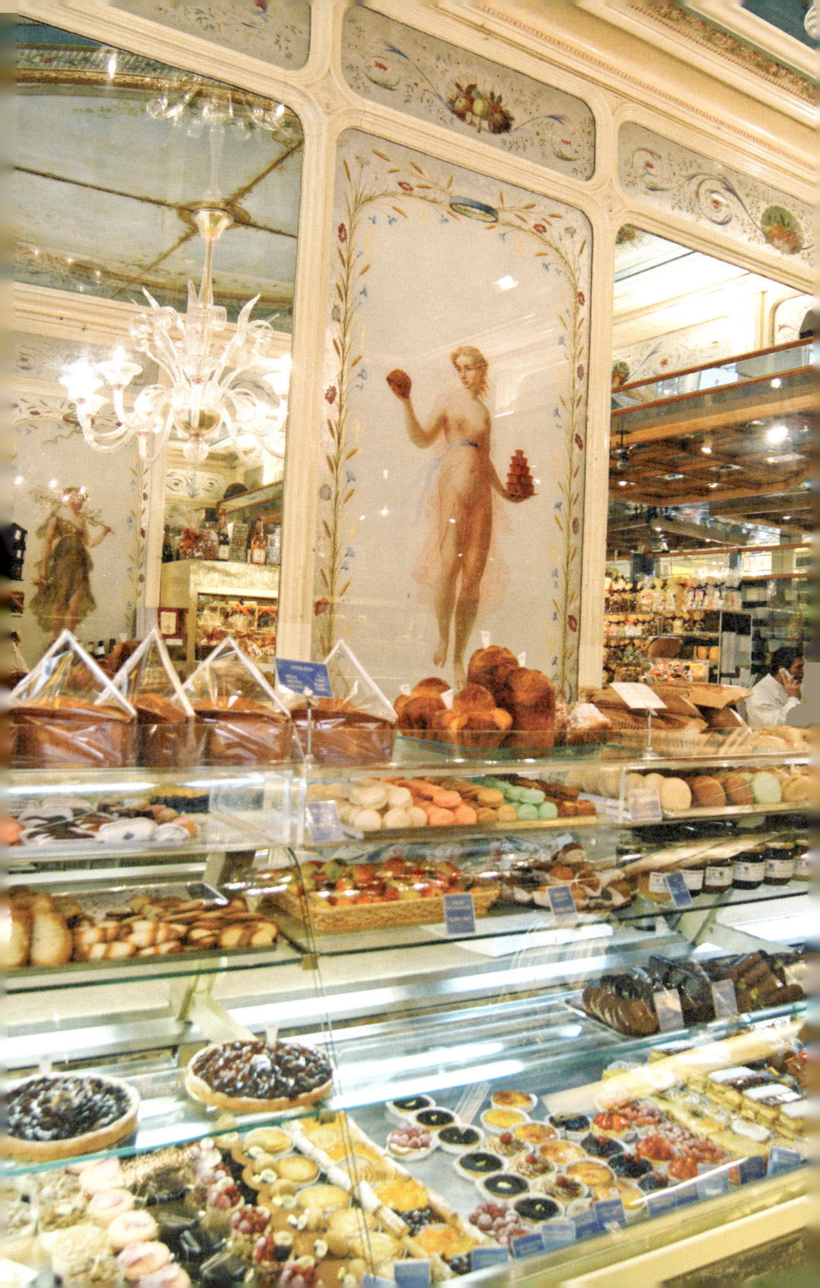

ケーキ屋さん

【 Je le prends. 】［ジュ・ル・プラン］ それをいただきます。
数量や風味を付け加えないならば、中性代名詞「le」で置き換えることができる。この場合はJe prends le gâteau.の"le gâteau = le"で「それ（そのケーキ＝le）をいただきます」ということ。

【 Ce sera tout? 】［ス・スラ・トゥー］ それで全部ですか？
お店での決まり文句。「C'est tout?［セ・トゥー］」でも同じこと。

Vous désirez autre chose?
［ヴ・デズィレ・オートル・ショーズ］
他に何か欲しいですか？

Non, ce sera tout.
［ノン、ス・スラ・トゥー］
いいえ、それで全部です。

【 Qu'est-ce que c'est, celui à la couleur orange. 】
［ケ・ス・ク・セ、スリュイ・ア・ラ・クルール・オランジュ］
そのオレンジ色のものは何ですか？

気になるケーキがあったらぜひ中身を聞いてみよう。指示代名詞「ça」、「cela」、「ceci」（P.012参照）の他に男性名詞ならばcelui［スリュイ］、女性名詞ならばcelle［セル］と、後ろに補足部をつけて「〜のもの」と言うこともできる。形を付け加えるときはen forme de 〜。

Je voudrais celui en forme de boule.
［ジュ・ヴドレ・スリュイ・アン・フォルム・ドゥ・ブール］
その丸い形のものをください。

Donnez-moi celui avec les figues.
［ドネ・モワ・スリュイ・アヴェック・レ・フィギュ］
イチジクがのったものをください。

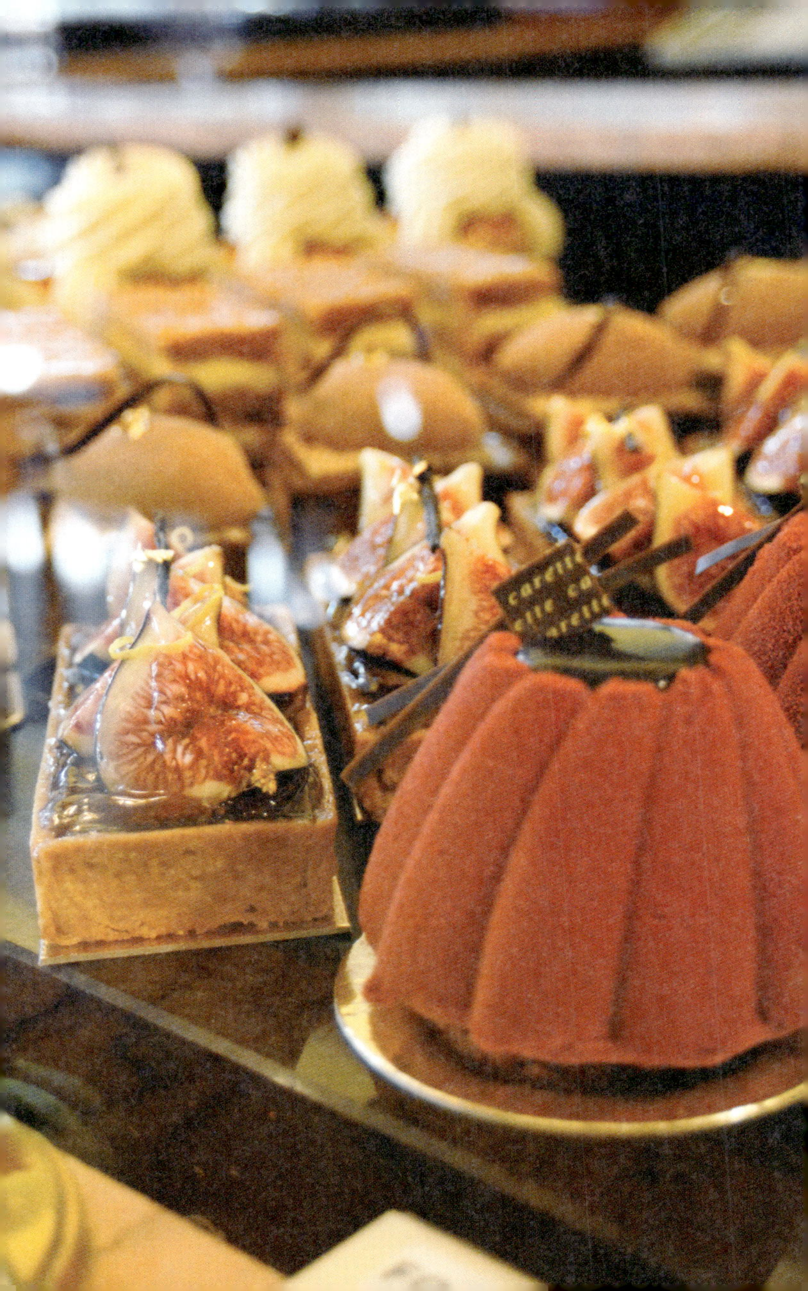

バースデーケーキを頼む

Je voudrais commander un gâteau d'anniversaire.
[ジュ・ヴドレ・コマンデ・アン・ガトー・ダニヴェルセール]
バースデーケーキを注文したいのですが。

C'est pour quand?
[セ・プール・カン]
いつ用のですか？

Pour le lundi 10 mai.
[プール・ル・ランディ・ディ・メ]
5月10日月曜日です。

Quel gâteau désirez-vous?
[ケル・ガトー・デズィレ・ヴ]
何のケーキがよろしいですか？

C'est pour ma grand-mère, elle n'aime pas trop sucré.
[セ・プール・マ・グラン・メール、エル・ネム・パ・トロ・スュクレ]
祖母へのものですが、彼女は甘すぎるのは好きではないので。

Ce sera mieux un gâteau avec beaucoup de fruits.
[ス・スラ・ミュー・アン・ガトー・アヴェク・ボーク・ドゥ・フリュイ]
たくさんのフルーツがのったケーキがいいでしょう。

Quelle taille de gâteau voulez-vous?
[ケル・タイユ・ドゥ・ガトー・ヴレ・ヴ]
ケーキの大きさはどのぐらいがよろしいですか？

Pour huit personnes.
[プール・ユイット・ペルソンヌ]
8人用でお願いします。

Je vous propose une grande tarte avec les fruits de saison.
[ジュ・ヴ・プロポーズ・ユンヌ・グランド・タルト・アヴェク・レ・フリュイ・ドゥ・セゾン]
季節のフルーツを使った大きなタルトはどうでしょう。

D'accord. Je peux vous demander de mettre un message sur le gâteau?
[ダコール。ジュ・プ・ヴ・ドゥマンデ・ドゥ・メトル・アン・メサージュ・スュル・ル・ガトー]
結構です。ケーキの上にメッセージをつけるのをお願いできますか？

Bien sûr. Qu'est-ce que j'écrirai?
[ビヤン・スュル。ケ・ス・ク・ジェクリレ]
もちろん。なんと書きましょうか？

Simplement; «Joyeux anniversaire à notre grand-mère.»
[サンプルマン、ジョワイユー・ザニヴェルセール・ア・ノートル・グラン・メール]
シンプルに"おばあちゃん、お誕生日おめでとう"と。

Ça coûte trente euros.
[サ・クート・トランテューロ]
30ユーロになります。

Elle aura quel âge? Je vous offre une bougie à chiffre.
[エル・オラ・ケラージュ。ジュ・ヴゾフル・ユンヌ・ブジー・ア・シフル]
彼女はおいくつになられるのですか？ 数字つきのろうそくをおつけしますよ。

C'est gentil! Elle aura quatre-vingt-dix-huit ans.
[セ・ジャンティ。エル・オラ・カトル・ヴァン・ディズュイッタン]
それはご親切に！ 彼女は98歳になります。

C'est merveilleux! Je vous attends donc lundi prochain.
[セ・メルヴェイユー。ジュ・ヴザタン・ドンク・ランディ・プロシャン]
それはすばらしい！ では、来週月曜日にお待ちしています。

バースデーケーキを頼む

【 Je voudrais commander 〜 】 [ジュ・ヴドレ・コマンデ]
〜を注文したいのですが。

バースデーケーキ以外にも、注文したいものを後ろにつけていろんなものを頼める。pièce montée [ピエス・モンテ] (f.) (デコレーションケーキ)、pièce montée de mariage [ピエス・モンテ・ドゥ・マリアージュ] (ウエディングケーキ)、pièce montée de réception [ピエス・モンテ・ドゥ・レセプション] (パーティー用ケーキ)、croquembouche [クロカンブーシュ] (m.) (小さなシューを円錐形に積み上げたデコレーションケーキ)、entremets [アントルメ] (m.) (デザート、ホールケーキ)。

【 C'est pour quand? 】 [セ・プール・カン] いつ用のですか？

フランス語の日付の言い方は、"le＋曜日＋日＋月"の順。「来週の火曜日」ならば「mardi prochain [マルディ・プロシャン]」、「再来週の水曜日」ならば「mercredi de la semaine d'après [メルクルディ・ドゥ・ラ・スメーヌ・ダプレ]」。

Quand le voulez-vous?
[カン・ル・ヴレ・ヴ]
いつ欲しいですか？

Je le voudrais jeudi prochain.
[ジュ・ル・ヴドレ・ジュディ・プロシャン]
来週木曜日に欲しいです。

21€

【 Elle n'aime pas trop sucré. 】 [エル・ネム・パ・トロ・スュクレ]
彼女は甘すぎるのは好きではないので。

贈る相手の好み、アレルギーや食べられないものを伝えて、ケーキを作ってもらおう。

Mon fils adore la crème chantilly.
[モン・フィス・アドール・ラ・クレム・シャンティイ]
息子はホイップクリームが大好きです。

Ma fille est allergique à l'œuf.
[マ・フィーユ・エ・アレルジック・ア・ルフ]
娘は卵アレルギーです。

【 Joyeux anniversaire! 】 [ジョワイユー・ザニヴェルセール]
お誕生日おめでとう。

Bon anniversaire! [ボンナニヴェルセール] でも同じこと。「bon/bonne [ボン／ボンヌ]」や「joyeux/joyeuse [ジョワイユー／ジョワイユーズ]」を祝いたい言葉の前につければ、さまざまなお祝いの言葉になる。「à 〜（〜に）」と贈る相手の名前を後ろにつければOK。

【 Elle aura quatre-vingt-dix-huit ans. 】
[エル・オラ・カトル・ヴァン・ディズュイッタン]
彼女は98歳になります。

歳を表すのは、"avoir＋数字＋ans"。avoirを未来形にすれば、「〜歳になります」ということができる。

J'aurai dix-huit ans le mois prochain.
[ジョレ・ディズュイッタン・ル・モワ・プロシャン]
私は来月に18歳になります。

Gourmandise Lait ou noir
Tartelette Orange
Tartelette Citron

ケーキ屋さんにあるお菓子たち

chou à la crème [シュー・ア・ラ・クレム] (*m.*)
シュークリーム

丸く焼いたシュー生地にホイップクリーム（chou à la crème chantilly [シュー・ア・ラ・クレム・シャンティイ]）またはカスタードクリーム（chou à la crème pâtissière [シュー・ア・ラ・クレム・パティスィエール]）を挟んだもの。シュー生地（pâte à choux [パータ・シュー] (*f.*)）は、16世紀にイタリア人のパティシエ、ポプリーニによって考案され、火にかけながら生地を作ることから呼ばれた pâte à chaud [パータ・ショー] (*f.*) の名前が変化したとか。小さく焼いたシュー生地にあられ糖（sucre casson [スュクル・カッソン] (*m.*)）をかけたものは chouquette [シューケット] (*f.*)。

éclair [エクレール] (*m.*)
エクレア

細長く焼いたシュー生地にカスタードを詰め、アイシングをかけたもので、チョコレート風味（éclair au chocolat [エクレール・オ・ショコラ]）、コーヒー風味（éclair au café [エクレール・オ・カフェ]）、バニラ風味（éclair à la vanille [エクレール・ア・ラ・ヴァニーユ]）などさまざまな風味がある。1850年にリヨンで作られたのが始まりというのが有力説で、現在もフランスでもっともポピュラーなお菓子。稲妻（éclair）のように一瞬にして平らげられるというのが名前の由来とも言われている。

religieuse [ルリジューズ] (*f.*)
ルリジューズ

中にカスタードを詰めた大きな丸いシュー生地に小さな丸いシュー生地をのせ、アイシングをかけてバタークリームを飾ったお菓子。1856年ごろにパリのフラスカティのお菓子屋さんで生まれた時は、カスタードクリームを詰めたシュー生地にホイップクリームを飾ったものだった。その名である"修道女（religieuse）"のような現在のシルエットになったのは1世紀ほど前のこと。小さな丸いシュー生地にバニラアイスを詰め、熱いチョコレートをかけたものはprofiterole [プロフィットロール] (*f.*)と呼ばれる。

saint-honoré [サントノレ] (*m.*)
サントノレ

お菓子屋さんの守護聖人、サントノレの名前を冠したケーキ。1847年、パリのサントノレ通りにあったシブストのお菓子屋さんで作られた。シブストが最初に作ったのは円筒形に丸めたブリオッシュ生地にホイップクリームを飾ったもの。後に兄弟のジュリアンが土台をブリゼ生地にしてシュー生地をのせ、キャラメルをかけた。現在はパイ生地を土台にし、シブストクリーム（crème chiboust [クレム・シブスト] (*f.*)）またはカスタードクリームを詰めた丸いシュー生地にキャラメルをかけ、生クリームを飾るのが一般的。

ケーキ屋さんにあるお菓子たち

paris-brest [パリ・ブレスト] (*m.*)
パリ・ブレスト

アーモンドを散りばめたリング型のシュー生地で、プラリネ風味のムスリンクリーム (crème mousseline [クレム・ムスリーヌ] (*f.*)) を挟み、粉糖をかけたお菓子。パリからブルターニュ地方、ブレストへの往復の自転車レースが行われていた頃、その行程にあったお菓子屋さんが1910年に考え出したとか。その形は自転車の車輪を模していて、当時の中のクリームはより濃厚なプラリネ風味のバタークリームだった。

mont-blanc [モン・ブラン] (*m.*)
モンブラン

メレンゲ (meringue [ムラング] (*f.*)) などの土台にホイップクリームをのせ、マロンクリーム (crème de marrons [クレム・ドゥ・マロン] (*f.*)) で覆って粉糖をかけたケーキ。1903年に、現在もパリのリヴォリ通りに店のある、サロン・ド・テ、"アンジェリーナ"を開店したオーストリア人のアントワーヌ・ランペルマイヤーによって作られ、同店の名高いケーキのひとつでも。アルプス山脈のもっとも高い山、モン・ブランの名を冠する、日本でもお馴染みのお菓子。

charlotte [シャルロット]（*f.*）
シャルロット

フィンガービスケット（biscuit à la cuillère [ビスキュイ・ア・ラ・キュイエール]（*m.*)）やスポンジ（génoise [ジェノワーズ]（*f.*)）などで周りを囲み、中にフルーツやクリーム、ムースなどを詰めたケーキ。元々はブリオッシュなどを周りに敷き、フルーツのコンポートを入れて焼いたプディングのようなイギリスのお菓子を、フランス人の料理人、アントナン・カレームがフィンガービスケットを使ってババロア（crème bavaroise [クレム・バヴァロワーズ]（*f.*)）を詰め、charlotte à la parisienne [シャルロット・ア・ラ・パリジェンヌ]に改良したもの。

baba [ババ]（*m.*）
ババ

レーズン入りの発酵生地をラム酒風味のシロップに浸したお菓子で、**baba au rhum** [ババ・オ・ラム]とも呼ぶ。1760年ごろに歯痛のロレーヌ公のスタニスワフが、痛みなく食べられるようにクグロフ（kouglof（*m.*)）を甘いワインに浸したのが始まりだとか。それを19世紀にパリでラム酒を使って売り出したのが、現在でもババで名高いお菓子屋さんのストレール。片側が丸く膨らんだ円筒形で、名前は当時、スタニフワフ王の愛読書だったアラビアン・ナイトのアリババに由来するとか。リング型の生地をラム酒風味のシロップに浸し、ホイップクリームをのせたものは savarin [サヴァラン]（*m.*）。

037

crème brûlée [クレム・ブリュレ] (*f.*)
クレーム・ブリュレ

カスタードプリンの上に砂糖をかけて熱し、表面にできたキャラメルを割って食べるもので、その名も"焦がしたクリーム"。1691年に料理人のフランソワ・マスィアロがフィリップ2世に作ったのが始まりだとか。ただしそれより前から似たようなレシピのカスタードプリン(crème catalane [クレム・カタラーヌ] (*f.*))がスペインでも存在。キャラメルを敷いたカスタードプリンは、crème caramel [クレム・カラメル] (*f.*)。クレーム・キャラメルを皿にひっくり返して出したものは、crème renversée [クレム・ランヴェルセ] (*f.*)となる。

flan [フラン] (*m.*)
フラン

ブリゼ生地(pâte brisée [パート・ブリゼ] (*f.*))に卵、牛乳、砂糖、小麦粉(またはコーンスターチ)を合わせたアパレイユを入れて焼いたタルト。丸くて平らなものを指す、フランク語のfladoから派生したこの言葉は中世からあり、もっとも古くからあるお菓子のひとつ。カスタードプリンを指すことも。デザートだけではなく、肉や魚を使ってクリームを入れた塩系タルトのこともflanと呼ぶ。

mille-feuille(millefeuille)［ミル・フィユ］(*m.*)
ミルフィーユ

折り込みパイ生地とカスタードクリームを層にして重ね、アイシングまたは粉糖をかけたケーキ。1867年にパリのバック通りにあったお菓子屋さん、スニョで生まれたとかで、その名前は幾重にも重なった薄い葉のようなパイ生地から。現在はホイップクリームを混ぜたカスタードクリームを使って軽めに仕上げるのが一般的。

puits d'amour［ピュイ・ダムール］(*m.*)
ピュイ・ダムール

器型にした折り込みパイ生地にカスタードクリームを詰めて焼き、表面をキャラメリゼしたお菓子。器型のパイ生地は井戸（**puits**）に見立ててあり、元々は中にフルーツのジャムやフルーツを入れていたらしい。それが1830年ごろにパリでカスタードクリームに取って代わられ、当時人気だった同タイトルのオペラ・コミックから名前がつけられたとのこと。

ケーキ屋さんにあるお菓子たち

blanc-manger [ブラン・マンジェ]（*m.*）
ブラン・マンジェ

アーモンドミルクに砂糖、生クリームなどを加え、ゼラチンで固めたもの。元々は牛乳やアーモンドの粉末に肉や魚のゼラチンでとろみをつけた「白い食べ物」のことで、ポタージュや病人食の粥のようなものも指した。甘いデザートとして限定されるようになったのは19世紀ごろから。

opéra [オペラ]（*m.*）
オペラ

スポンジ生地（**biscuit joconde** [ビスキュイ・ジョコンド]（*m.*））にガナッシュ、コーヒー風味のバタークリームを重ね、チョコレートでコーティングした長方形のケーキ。1955年にパリのお菓子屋さんダロワイヨによって売り出されたのが始まりで、元々は表面に金箔が飾られ、現在はOpéraの文字が書かれているのが一般的。

forêt-noire [フォレ・ノワール] (*f.*)
フォレ・ノワール

チョコレート風味のスポンジ生地にガナッシュ、ホイップクリームを重ね、お酒に浸したグリオット(griotte [グリオット] (*f.*))、さくらんぼの蒸留酒のキルシュ(kirsch [キルシュ] (*m.*))で風味づけし、チョコレートでコーティングしたもの。ドイツの同名の森林地帯、フォレ・ノワール(黒い森)で昔からあるお菓子。チョコレート風味のスポンジ生地をホイップクリームまたはバタークリームで覆い、削ったチョコレートのコポーとチェリーを飾るのが元のスタイル。

moelleux au chocolat [モワルー・オ・ショコラ] (*m.*)
モワルー・オ・ショコラ

チョコレートケーキ(gâteau au chocolat [ガトー・オ・ショコラ] (*m.*))の一種で、中がより柔らかい(moelleux)バージョン。他にfondant au chocolat [フォンダン・オ・ショコラ] (*m.*)もあり、半生タイプのとろけるような(fondant)チョコレートケーキのこと。

ケーキ屋さんにあるお菓子たち

tarte aux fraises ［タルト・オー・フレーズ］(*f.*)
いちごのタルト

ブリゼ生地（pâte brisée ［パート・ブリゼ］(*f.*)）、サブレ生地（pâte sablée ［パート・サブレ］）、折り込みパイ生地（pâte feuilletée ［パート・フイユテ］）、フォンセ生地（pâte à foncer ［パータ・フォンセ］）などを敷いて、中にフルーツやクリームを詰めたもの。写真のような小さなタルトはtartelette ［タルトレット］(*f.*)とも呼ぶ。メインとなるフルーツの名前が後ろにつき、tarte aux pommes ［タルト・オー・ポム］（りんごのタルト）、tarte aux prunes ［タルト・オー・プリュヌ］（プルーンのタルト）など。

tarte au citron meringuée
［タルト・オ・スィトロン・ムランゲ］(*f.*)
レモンのタルト・メレンゲのせ

タルトの生地に卵、砂糖、バター、レモン果汁、レモンの皮を混ぜて入れ、オーブンで焼いてメレンゲを上に飾り、さらに焼き色をつけたもの。メレンゲがのらなければ、ただのレモンのタルト（tarte au citron）。

tarte au chocolat [タルト・オ・ショコラ]（*f.*）
チョコレートのタルト

タルトの生地にチョコレート、卵、生クリーム、バターなどを混ぜたアパレイユを入れて焼いたタルト。フルーツのタルトは可算名詞のフルーツの場合、aux＋複数形になるけれど、不可算名詞であるチョコレート、フルーツでもレモン、ルバーブなどは、au（à la）＋単数形になることに注意。

tarte tatin [タルト・タタン]（*f.*）
タルトタタン

タルト型にりんごを敷き詰めてタルト生地をのせて焼く、りんごのタルトの逆さまバージョン。ソローニュ地方でレストランを営むタタン姉妹によって作り出されたというのが通説だけれど、実はこの地方で**tarte renvercée** [タルト・ランヴェルセ]（引っくり返したタルト）として昔から知られていたものらしい。

ケーキ屋さんにあるお菓子たち

far [ファール] (*m.*)
ファール

卵、砂糖、小麦粉を混ぜ、ドライプルーンを入れて焼いたブルターニュ地方のお菓子で、far breton [ファール・ブルトン] とも呼ばれる。フランに似ているけれど、フランよりも小麦粉を多く使い、しっかりとした生地になるのが特徴。同じようなクレープ生地 (pâte à crêpes [パータ・クレープ] (*f.*)) にチェリーを入れて焼いたものは clafoutis [クラフティ] (*m.*) で、こちらはリムザン地方のお菓子。

kouign-amann [クイニャマン] (*m.*)
クイニアマン

パン生地でバターを包み、砂糖を振りながら折り込んで円盤型にし、さらに砂糖を振ってオーブンで焼き、外側をキャラメリゼしたブルターニュ地方のお菓子。ブルターニュの方言で kouign (お菓子) と amann (バター) の"バターのお菓子"という意味で、バターをたっぷり使うのが特徴。

canelé ［カヌレ］（m.）
カヌレ

牛乳、バター、小麦粉、卵黄などを混ぜ合わせた生地にラム酒とバニラで風味付けをし、表面をこんがりとキャラメリゼしたお菓子。縦に溝が入った小さな円筒状の型に入れて焼くのが伝統的なボルドー地方の名産で、cannelé と書く場合もある。ワインの澱を取り除くために卵白を大量に使うため、残った卵黄の活用法として考え出されたものだとか。

gâteau basque ［ガトー・バスク］（m.）
ガトー・バスク

小麦粉、砂糖、バター、卵の生地にブラックチェリーまたはアーモンド風味のカスタードクリームを入れ、残りの生地で蓋をして焼いたバスク地方のお菓子。家に代々伝わるレシピで作ったお菓子を、1830年ごろにカンボの街のパティシエが売り出したのが"ガトー・バスク"の始まり。中にカスタードクリームが入ったものは gâteau basque nature ［ガトー・バスク・ナテュール］、ブラックチェリーのジャムが挟んであるものは gâteau basque aux cerises ［ガトー・バスク・オー・スリーズ］。

ケーキ屋さんにあるお菓子たち

macaron [マカロン] (*m.*)
マカロン

よく見かけるのは、アーモンド風味のメレンゲがサクッと軽い食感の生地に、クリームやジャムを挟んだ macaron parisien [マカロン・パリジャン]。他にも各地方には卵白を混ぜたアーモンド風味のビスケットに近いマカロンがある。ロレーヌ地方、ナンシーのマカロンは macaron de Nancy [マカロン・ドゥ・ナンシー]、ピカルディ地方、アミアンのマカロンは macaron d'Amiens [マカロン・ダミアン]、アキテーヌ地方、サンテミリオンのマカロンは macaron de Saint-Emilion [マカロン・ドゥ・サンテミリヨン] などが有名。

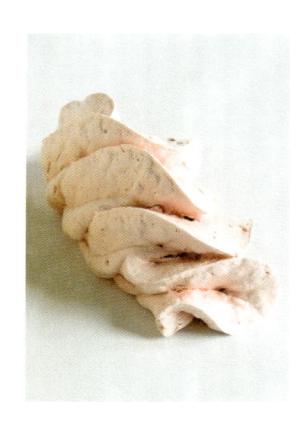

meringue [ムラング] (*f.*)
メレンゲ

泡立てた卵白に砂糖を加えてメレンゲを作り、オーブンで焼いたお菓子。1720年にスイスのマイリンゲン（Meiringen）の街でイタリア人の菓子職人が作り始め、その名も街の名前に由来するというのが有力説。作り方によって名前が異なり、泡立てた卵白に砂糖を加えるのは meringue française [ムラング・フランセーズ]、卵白と砂糖を湯せんにかけながら泡立てるのは meringue suisse [ムラング・スイス]、泡立てた卵白にシロップを加えてさらに泡立てるのは meringue italienne [ムラング・イタリエンヌ]。

financier [フィナンスィエ] (*m.*)
フィナンシェ

アーモンドパウダー、卵白、小麦粉、砂糖、焦がしバターで作る焼き菓子。中世から修道院で作られていた楕円形のvisitandine [ヴィズィタンディーヌ] (*f.*) というお菓子をアレンジしたもので、1890年ごろにパリのラズヌという菓子職人が現在の形にしたのが始まり。店の近くにあった証券取引所で働く人々が食べやすいように、金の延べ棒を模した長方形にし、その名も"金融家"と名づけられた。

madeleine [マドレーヌ] (*f.*)
マドレーヌ

卵、小麦粉、砂糖、バターにレモンの風味をつけた貝型のお菓子。逸話はいろいろあるけれど、ロレーヌ地方のコメルシーの街でマドレーヌという女性が作ったというのが、諸説の共通点。なぜ貝型なのかは、中世にサンティアゴ・デ・コンポステーラへの巡礼者に持たせたという、ホタテの貝殻で焼いたブリオッシュの一種が原型だからという説も。

week-end [ウィーケンド] (*m.*)
ウィークエンド

小麦粉、卵、バター、砂糖、ベーキングパウダーなどにレモン風味をきかせたパウンドケーキのこと。一般的にパウンドケーキ型で焼いた長方形のケーキはcake [ケーク] (*m.*) と呼ばれ、ドライフルーツやナッツが入ったフルーツケーキが代表的。quatre-quarts [カトル・カール] (*m.*) と言う名がついていれば"4/4"という意味で、小麦粉、バター、砂糖、卵の4材料が同量に混ぜ合わさって作られるパウンドケーキのこと。

pain d'épice [パン・デピス] (*m.*)
パンデピス

はちみつ、スパイスで風味づけたパン。原形は中世に中国で生まれたはちみつのパン (mi-kong) と言われ、十字軍によってヨーロッパ各国に伝わり、現在でもフランス各地でさまざまな種類のパンデピスが存在する。パンデピスの代表的な地方はブルゴーニュ、シャンパーニュ、アルザス、ロレーヌ。クリスマスには聖人ニコラやさまざまなモチーフを形作ったビスケット風のパンデピスが飾られる。

sablé nantais [サブレ・ナンテ]（*m.*）
ナント風サブレ

ギザギザの縁で表面にフォークで縞模様をつけたサブレで、お菓子屋さんで見かけるのは巨大バージョン。ブルターニュ地方の街、ナント風と呼ばれている。ジャムがはさんであるサブレは、メガネの形からその名も lunettes [リュネット]（*f.*）で、こちらもお菓子屋さんでお馴染みのビスケット。

palmier [パルミエ]（*m.*）
パルミエ

折り込みパイ生地を長方形に伸ばして砂糖を振り、左右の端を折り畳んで中央で合わせ、さらに2つ折りにしてから1cm幅に切り、切り口を上にしてオーブンで焼いたもの。扇形のような焼き上がりが椰子の葉に似ていることから、その名も"椰子の木（palmier）"。

季節のお菓子いろいろ

キリスト教の祝日を主体とするフランスでは、その日にちなんだ独特のお菓子を食べる習慣があります。それぞれの時期にフランスを訪れたならば、ぜひ旬のお菓子を楽しんで、季節感を一緒に体感してみてください。

1月／galette des rois [ガレット・デ・ロワ] (f.) ガレット・デ・ロワ

枯れた植物の果実であり、次への芽を出す種は死と生を結ぶものとし、古代から神聖とされるソラマメ（fève [フェーヴ] (f.)）。古代ローマでは祭りの際に、パンの中に豆を入れ、当たった奴隷が1日だけの王になれるという宴を催していた。そこから始まったと言われる"王たちのお菓子"、gâteau des rois [ガトー・デ・ロワ] (m.)。1月6日の公現祭（Epiphanie [エピファニー] (f.)）の時期に食べるのが風習で、プロヴァンスやラングドック地方では、王冠型のブリオッシュ生地にフルーツコンフィが飾られる。リヨンやロレーヌ地方、パリでは折り込みパイ生地にアーモンド風味のフランジパンクリームをはさんだgalette des rois [ガレット・デ・ロワ] が一般的。現在では豆の代わりに陶器製の小さなオブジェ（fève）が入っている。人数分に切り分けられたガレットは、一番年下の者によって皆に分配。見事、フェーヴが当たった人は紙の王冠をかぶって1日だけの王になれる！

2月／crêpe [クレープ] (f.) クレープ、beignet [ベニエ] (m.) ベニエ

クリスマスから40日後にあたる、2月2日は聖母マリアの清めの祝日（Chandeleur [シャンドルール] (f.)）。聖母マリアが出産後初めて清めを受けた際に、参列者がろうそく（chandelle [シャンデル] (f.)）を持って祝福をしたと言う"光"をシンボルとする日。暗い冬が終わり、光溢れる季節が始まる頃でもあり、この日に"太陽"を象徴とするような丸くて黄金色のクレープを食べるのがしきたり。ただし地方によってこの"太陽"は異なり、アルザスや南部地方はクレープ生地にベーキングパウダーなどを加えて揚げた、丸くて黄金色のベニエを食べる。いろんなおまじないもあり、クレープならば金貨を片手に握り締め、最初に焼いた一枚目を高く放り投げることができれば幸福な一年が過ごせるとか。ベニエならば、最初に揚げた一個目を雌鶏にあげると卵をたくさん産んでくれるなどなど。プロヴァンス地方のマルセイユではオレンジの花水で風味づけた舟形のクッキー、navette [ナヴェット] (f.)を食べる日でも。

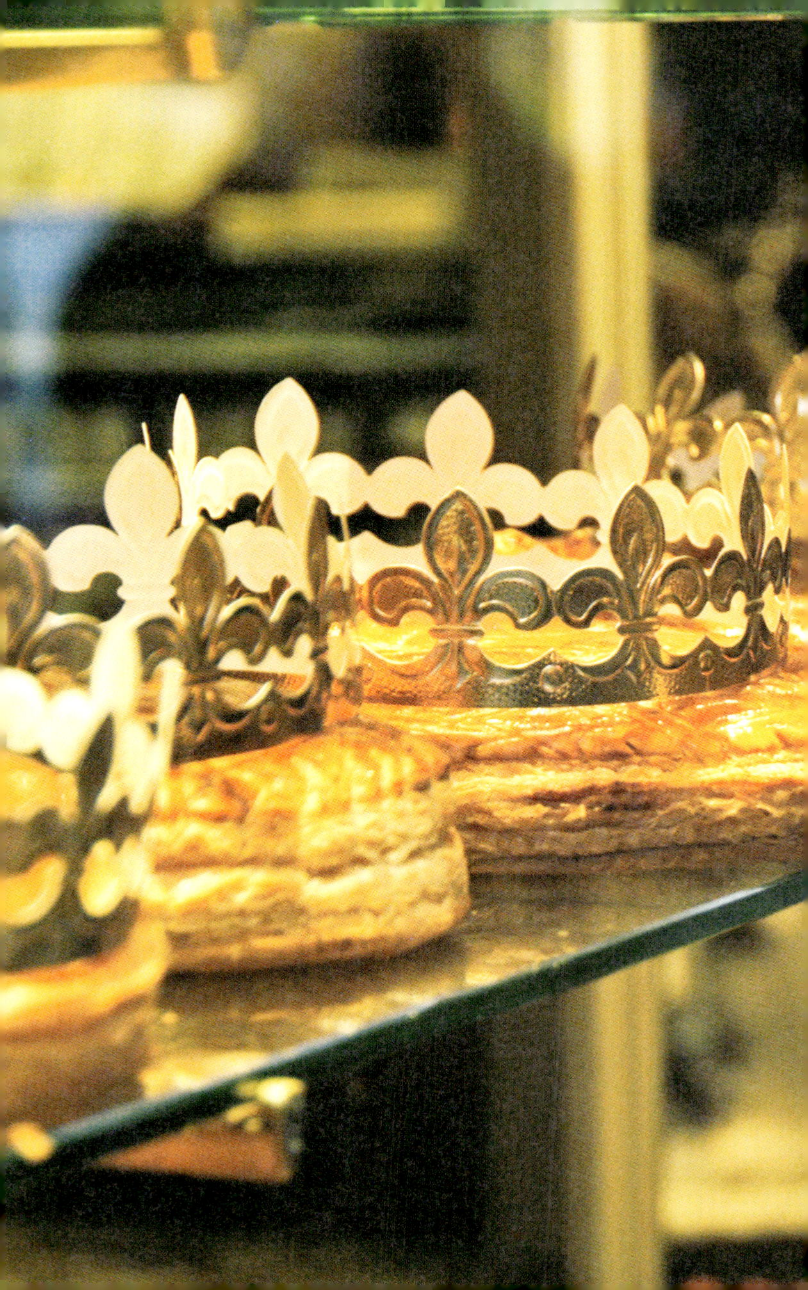

季節のお菓子いろいろ

3〜4月／œuf de Pâques [ウフ・ドゥ・パック] (m.)　イースターエッグ

昔から春の訪れを祝うため、贈るのが慣わしだった生命の象徴である卵。キリスト教では、春分の日から最初の満月の次に来る日曜日に祝われる復活祭 (Pâques [パック] (f.)) で、ペイントされたカラフルな卵を贈ることでお馴染み。イエス・キリストの復活のシンボルであり、その前の四旬節で食べることを禁じられていた卵は、節制が終わったことを喜ぶための重要なアイテムだった。それらの卵は教会の鐘が運んでくるとされ、当日の朝には子供たちによって庭のあちこちから発見されるのがお決まり。そんな卵も現在ではチョコレートで作られることが多く、この時期のお菓子屋さんのショーウインドーを飾る花形に。他にも鐘や繁栄を象徴するうさぎや子羊など、さまざまな形のチョコレートが並ぶ。アルザス地方では、復活祭の子羊 (agneau pascal [アニョ・パスカル] (m.)) の形をした、ビスケット生地のお菓子が焼かれるのが伝統。

12月／bûche de Noël [ブッシュ・ドゥ・ノエル] (f.)　ブッシュ・ドゥ・ノエル

クリスマスの時期になるとフランスのお菓子屋さんを飾るのは、薪の形をしたその名も"クリスマスの薪 (bûche de Noël)"のケーキ。昔からクリスマスには暖炉で何日も燃え続ける大きな薪を用意し、クリスマス前には部屋にそれを飾り、当日に家族の年少者と年配者が火をつけるのが伝統だった。暖炉が一般的ではなくなった近代では、その"クリスマスの薪"はケーキになってイヴの祝宴 (réveillon de Noël [レヴェイヨン・ドゥ・ノエル] (m.)) を盛り上げることになったというわけ。地方によって盛り上げ役のクリスマスのお菓子もさまざまで、プロヴァンス地方はフガス (fougasse [フガス] (f.))、オリーブオイルで作ったパン (pompe à l'huile [ポンプ・ア・リュイル] (f.))、カリソン、ヌガー、ドライフルーツなど、13のデザート (treize desserts [トレーズ・デセール] (m.)) を用意する。アルザス地方では男の子を形作ったブリオッシュ (manala [マナラ] (m.))、フルーツの砂糖漬けのケーキ (bereweka [ベレベッカ] (m.)) などが代表的。

Nos Bûches
4/5 pers. 25
6/7 pers. 35
8/10 pers. 60

チョコレート屋さん

Chocolaterie［ショコラトリー］(f.)

Vous voulez un renseignement?
［ヴ・ヴレ・アン・ランセニュマン］
ご案内しましょうか?

Je voudrais acheter un cadeau pour une amie qui habite au Japon.
［ジュ・ヴドレ・アシュテ・アン・カドー・プール・ユンナミ・キ・アビト・オ・ジャポン］
日本に住む友達へのプレゼントを買いたいのです。

Elle adore le chocolat. Pour lui faire plaisir, je préfère un chocolat inconnu au Japon.
［エラドール・ル・ショコラ。プール・リュイ・フェール・プレズィール、ジュ・プレフェール・アン・ショコラ・アンコニュ・オ・ジャポン］
彼女はチョコレートが大好きで、彼女を喜ばせるために日本で未発売のチョコレートがいいのですが。

Ceci est une nouveauté, je pense qu'il n'est pas encore arrivé au Japon.
［ススィ・エ・ユンヌ・ヌヴォーテ、ジュ・パンス・キル・ネ・パ・アンコール・アリヴェ・オ・ジャポン］
これは新商品で、日本にはまだ到着していないと思います。

C'est une gelée de mangue avec la ganache enrobée de chocolat noir.
［セテュンヌ・ジュレ・ドゥ・マング・アヴェク・ラ・ガナッシュ・アンロベ・ドゥ・ショコラ・ノワール］
マンゴーのゼリーとガナッシュをブラックチョコレートでコーティングしたものです。

Voulez-vous le goûter?
［ヴレ・ヴ・ル・グテ］
味見してみますか?

Oui, avec plaisir. La gelée fraîche et la ganache fondante, c'est un excellent mariage de goûts.
［ウイ、アヴェク・プレズィール。ラ・ジュレ・フレッシュ・エ・ラ・ガナッシュ・フォンダント、セタン・エクセラン・マリアージュ・ドゥ・グー］
ええ、喜んで。爽やかなゼリーととろけるガナッシュ、すばらしい味の組み合わせですね。

Il y a d'autres parfums aussi, le cassis, la framboise, la passion et la menthe.
［イリヤ・ドートル・パルファン・オスィ、ル・カスィス、ラ・フランボワーズ、ラ・パスィヨン・エ・ラ・マント］
他の風味もありますよ。カシス、フランボワーズ、パッションフルーツ、そしてミント。

Je prends un ballotin de deux cents grammes. Combien de chocolat peut-on mettre dedans?
［ジュ・プラン・アン・バロタン・ドゥ・ドゥー・サン・グラム。コンビヤン・ドゥ・ショコラ・プトン・メトル・ドゥダン］
200gの箱詰めをいただきます。中にどのくらいのチョコレートが入りますか？

On peut mettre environ vingt-quatre pièces.
［オン・プ・メトル・アンヴィロン・ヴァン・カトル・ピエス］
約24個詰められます。

Mettez tous les parfums, quatre de chaque, et puis ajoutez deux ganaches et deux pralinés.
［メテ・トゥー・レ・パルファン、カトル・ドゥ・シャック、エ・ピュイ・アジュテ・ドゥー・ガナッシュ・エ・ドゥー・プラリネ］
すべての風味を4つずつ入れて、それからガナッシュ2個とプラリネ2個を加えてください。

Combien je dois?
［コンビヤン・ジュ・ドワ］
いくらになりますか？

Ça fait vingt-neuf euros. Je mets deux orangettes de ma part.
［サ・フェ・ヴァント・ヌフ・ユーロ。ジュ・メ・ドゥー・オランジェット・ドゥ・マ・パール］
29ユーロになります。オランジェット2つをおまけに入れておきますね。

チョコレート屋さん

chocolatier/chocolatière ［ショコラティエ／ショコラティエール］　チョコレート職人

【 Vous voulez un renseignement? 】 ［ヴ・ヴレ・アン・ランセニュマン］
ご案内しましょうか？

Un renseignementとは"情報"という意味で、人にものを尋ねたりする時によく使う言い回し。自分から聞く場合は、

Je voudrais un renseignement.
［ジュ・ヴドレ・アン・ランセニュマン］
ちょっとお聞きしたいのですが。

【 C'est une nouveauté. 】 ［セテュンヌ・ヌヴォーテ］　これは新商品です。

今や有名なチョコレート屋さんは多くが日本にも店舗を持つ時代。どうせなら日本で手に入らないものや新しい商品があるかを聞いてみよう。日本に店舗があるかを確認してもいい。

Quelle est la nouveauté?
［ケレ・ラ・ヌーヴォーテ］
新商品はどれですか？

Avez-vous une boutique au Japon?
［アヴェ・ヴ・ユンヌ・ブティック・オ・ジャポン］
日本に店舗はありますか？

【 Voulez-vous le goûter? 】 ［ヴレ・ヴ・ル・グテ］　味見してみますか？

質問をしたり、要望を伝えたりしてコミュニケーションを取ると、途端にサービス精神が出てくるのがフランス人。味見を勧めてくれたり、商品を丁寧に教えてくれる。勧められなければ自分からお願いしてみよう。もちろんダメな場合もある。

Je peux le goûter?
［ジュ・プ・ル・グテ］
味見できますか？

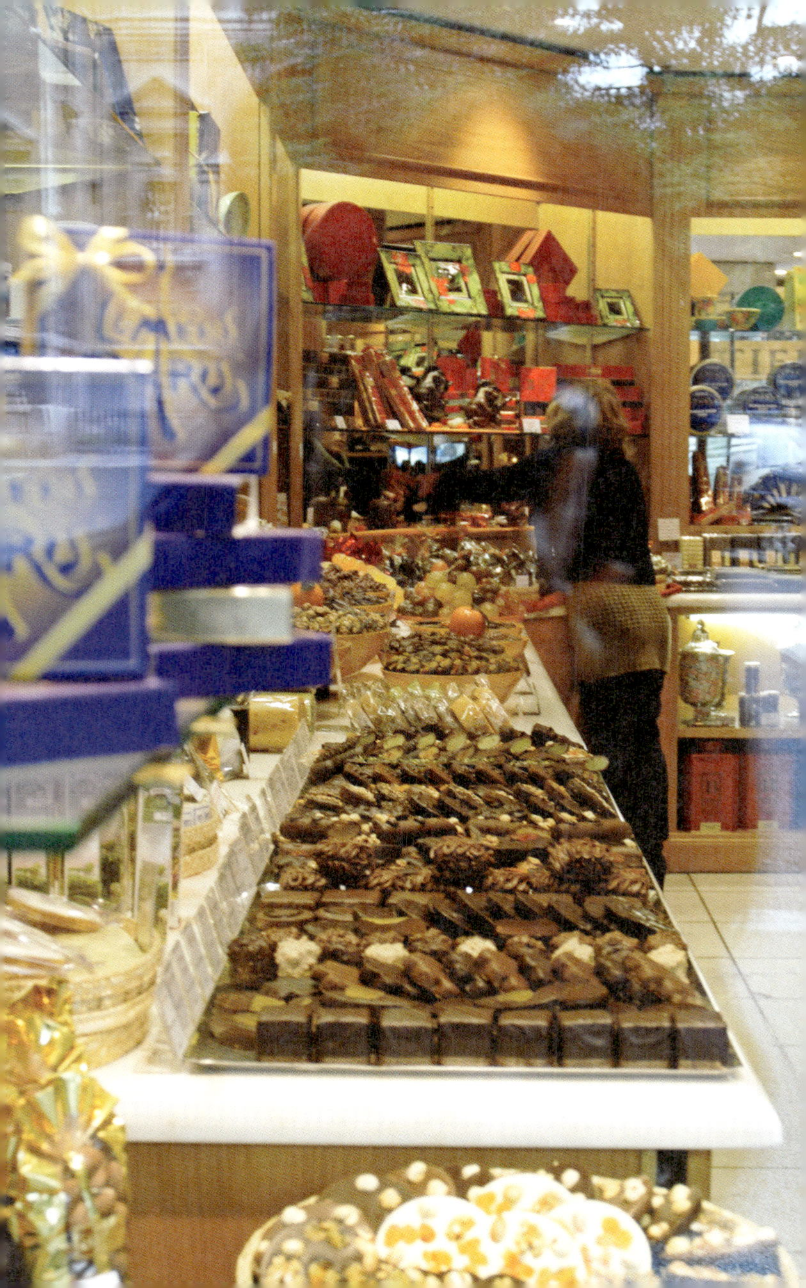

チョコレート屋さん

【 Je prends un ballotin de deux-cents grammes. 】
[ジュ・プラン・アン・バロタン・ドゥ・ドゥー・サン・グラム]
200gの箱詰めをいただきます。

箱詰めは ballotin [バロタン] (*m.*)、または boîte [ボワット] (*f.*)、coffret [コフレ] (*m.*) とも言う。たいていは量り売りで、好きなチョコレートを詰めてもらい、最終的な重さでの値段になる。または、何g (個) 用の箱と書いてあれば、un ballotin de cent cinquante grammes [アン・バロタン・ドゥ・サン・サンカーント・グラム] (150g用の箱) や、un ballotin de trente-six pièces [アン・バロタン・ドゥ・トラント・スィ・ピエス] (36個入りの箱) と頼む。assortiment [アソルティマン] (*m.*) は詰め合わせ。

【 Mettez tous les parfums, quatre de chaque. 】
[メテ・トゥー・レ・パルファン、カトル・ドゥ・シャック]
すべての風味を4つずつ入れてください。

1つずつなら un de chaque [アン・ドゥ・シャック]、2つずつなら deux de chaque [ドゥー・ドゥ・シャック]。

Pourriez-vous mettre des ganaches et des pralinés par moitié?
[プリエ・ヴ・メトル・デ・ガナッシュ・エ・デ・プラリネ・パール・モワティエ]
ガナッシュとプラリネを半分ずつ入れていただけますか?

【 C'est de ma part. 】 [セ・ドゥ・マ・パール] これはおまけです。

時々、おまけをしてくれる店員さんもいるから、ありがたくもらってしまおう。C'est pour la route. [セ・プール・ラ・ルート] (帰り道でどうぞ) と、ちょっとしたお菓子を手渡してくれる場合も。

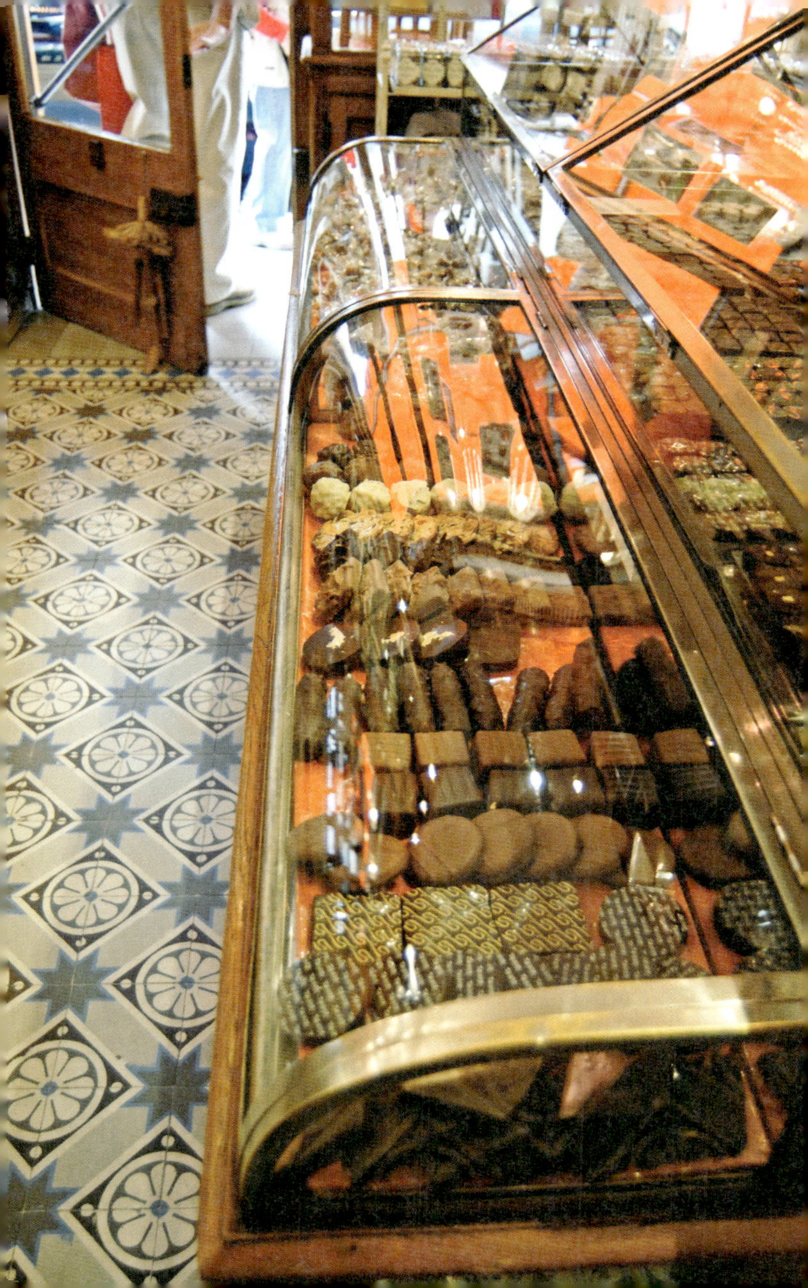

チョコレート屋さんにあるチョコレートたち

【 chocolat 】 [ショコラ] (*m.*) チョコレート

chocolat noir [ショコラ・ノワール] (*m.*) ブラックチョコレート（35％以上のカカオを含み、砂糖、カカオバターを加えたもの）

chocolat au lait [ショコラ・オ・レ] (*m.*) ミルクチョコレート（25～40％のカカオを含み、カカオバター、粉ミルク、砂糖を混ぜ合わせたもの）

chocolat blanc [ショコラ・ブラン] (*m.*) ホワイトチョコレート（カカオは含まず、カカオバター、粉ミルク、砂糖で作られる）

bonbon de chocolat [ボンボン・ドゥ・ショコラ] (*m.*) 詰め物にクーベルチュールをかけて一口サイズに仕上げたチョコレート

bouchée [ブーシェ] (*f.*) ボンボンよりも大きめのサイズのチョコレート

chocolat de couverture [ショコラ・ドゥ・クーヴェルチュール] (*m.*) クーベルチュール。カカオバターをたっぷりと含み、甘みを抑えた高品質のチョコレートで、仕上げにかけたり、ガナッシュに使われる

ganache [ガナッシュ] (*f.*) ガナッシュ（チョコレートにバターやクリームを混ぜたもの）

praliné [プラリネ] (*m.*) プラリネ（アーモンドまたはヘーゼルナッツをキャラメルで覆ったものを砕き、カカオと混ぜ合わせた詰め物用のペースト、またはこのペーストをチョコレートでコーティングしたチョコレート）

gianduja [ジャンデュヤ] (*m.*) チョコレートに焙煎したナッツを細かく砕いて加えたもの

pâte d'amande [パート・ダマンド] (*f.*) アーモンドペースト

nougatine [ヌガティーヌ] (*f.*) 細かく砕いたナッツを入れたキャラメル

bonbon de chocolat

truffe [トリュフ] (*f.*)　トリュフチョコレート（丸めたガナッシュにココアパウダーをまぶしたもの）

rocher [ロシェ] (*m.*)　"岩山"という意味で、チョコレートに砕いたナッツやコーンフレークを混ぜ、岩山のように見立てたもの。roc [ロック] (*m.*)、roche [ロッシュ] (*f.*)と"岩"と呼ばれることもある

pavé [パヴェ] (*m.*)　"石畳"という名の正方形や立方体のチョコレート

carré [カレ] (*m.*)　"正方形"のチョコレート

palet [パレ] (*m.*)　"小円盤"という意味の、一口サイズの平らなチョコレート

palet d'or [パレ・ドール] (*m.*)　ガナッシュが入った円形のチョコレート

barre [バール] (*f.*)　"棒"状のチョコレートバー

mendiant [マンディアン] (*m.*)　マンディアン（4派の托鉢修道士を表す干しイチジク、レーズン、アーモンド、ヘーゼルナッツがのったチョコレート。現在は他にもいろいろなドライフルーツやナッツが上にのる）

orangette [オランジェット] (*f.*)　オレンジの皮の砂糖漬けをチョコレートでコーティングしたもの

florentin [フロランタン] (*m.*)　サブレ生地にキャラメリゼしたアーモンド、フルーツの砂糖漬けをのせ、チョコレートでコーティングしたもの

tablette de chocolat [タブレット・ドゥ・ショコラ] (*f.*)　板チョコ

pistole de chocolat [ピストル・ドゥ・ショコラ] (*f.*)　製菓用のタブレット状チョコレート

chocolat en poudre [ショコラ・アン・プードル] (*m.*)　粉末のチョコレート

copeau de chocolat [コポー・ドゥ・ショコラ] (*m.*)　デコレーション用の削って丸まったチョコレート

pépite de chocolat [ペピート・ドゥ・ショコラ] (*f.*)　チョコチップ

poudre de chocolat chaud [プードル・ドゥ・ショコラ・ショー] (*f.*)　ホットチョコレート用粉末

pâte à tartiner [パータ・タルティネ] (*f.*)　トーストに塗るペースト

truffe   mendiant

florentin   orangette

チョコレート用語いろいろ

お菓子の中でもチョコレートに関しては独特の専門用語があります。チョコレートを作ってみたい人にも、チョコレートを味わうだけで満足な人にも、知っておくとおいしさがもっと広がる、チョコレート専門の単語を集めてみました。

【 cacao 】[カカオ] (m.) カカオ

fève de cacao [フェーヴ・ドゥ・カカオ] (f.) カカオ豆
pâte de cacao [パート・ドゥ・カカオ] (f.) カカオペースト
beurre de cacao [ブール・ドゥ・カカオ] (m.) カカオバター
cacao en poudre [カカオ・アン・プードル] (m.) 粉末のカカオ

【 cacaoyer 】[カカオイエ] (m.) カカオの木 = cacaotier [カカオティエ] (m.)

Criollo [クリオロ] (m.) クリオロ種(アロマ豊かで苦味の少ないやさしい味わい。世界生産量は5〜10%の希少な品種)
Forastero [フォラステロ] (m.) フォラステロ種(世界生産量の約80%を占めるポピュラーな品種。苦味がありアロマは控えめ)
Trinitario [トリニタリオ] (m.) トリニタリオ種(クリオロ種やフォラステロ種などをかけ合わせたハイブリッド種)

cru [クリュ] (m.) 限定された産地で栽培された高品質のカカオ。grand cru [グラン・クリュ] (m.) は最高級のカカオ
biologique [ビヨロジック] オーガニックの

カカオの原産地

多くのショコラティエが原産地にこだわってカカオを厳選する時代。チョコレートの包装にもカカオの原産地が明記されていることがよくあります。代表的な原産地といえば、ブラジル(Brésil [ブレジル] (m.))、コロンビア(Colombie [コロンビ] (f.))、コート・ジボワール(Côte d'Ivoire [コート・ディヴォワール] (f.))、キューバ(Cuba [キュバ] (f.))、エクアドル(Equateur [エクワトゥール] (m.))、ガーナ(Ghana [ガナ] (m.))、インドネシア(Indonésie [アンドネズィ] (f.))、マダガスカル(Madagascar [マダガスカール] (f.))、メキシコ(Mexique [メクシック] (m.))、スリランカ(Sri Lanka [スリ・ランカ] (m.))、ベネズエラ(Venezuela [ヴェネズエラ] (m.))など。

【 travail du chocolat 】[トラヴァイユ・デュ・ショコラ] (*m.*)
チョコレート作り

température [タンペラテュール] (*f.*)　温度
tempérage [タンペラージュ] (*m.*)　テンパリング
tempérer [タンペレ]　テンパリングをする
thermomètre [テルモメートル] (*m.*)　温度計
bain-marie [バン・マリー] (*m.*)　湯せん、湯せん器

marbre [マルブル] (*m.*)　大理石の作業台
spatule [スパテュル] (*f.*)　へら
tablage [タブラージュ] (*m.*)　マーブル台にチョコレートを広げて温度を下げる作業
tabler [タブレ]　マーブル台にチョコレートを広げて温度を下げる＝tempérer

moulage [ムラージュ] (*m.*)　型に流し込むこと
mouler [ムレ]　型に流し込む
moule [ムール] (*m.*)　型
démoulage [デムラージュ] (*m.*)　型から出すこと
démouler [デムレ]　型から出す

broche à tremper [ブロッシュ・ア・トランペ] (*f.*)　チョコレートの中にくぐらすための柄の長い串
trempage [トランパージュ] (*m.*)　チョコレートの中にくぐらすこと
tremper [トランペ]　チョコレートの中にくぐらす
enrobage [アンロバージュ] (*m.*)　コーティング
enrober [アンロベ]　コーティングする
fourrage [フーラージュ] (*m.*)　詰め物
fourrer [フーレ]　詰め物をする
assemblage [アサンブラージュ] (*m.*)　組み立て

砂糖菓子屋さん

Confiserie ［コンフィズリー］（f.）

Je cherche un bonbon de Nantes.
［ジュ・シェルシュ・アン・ボンボン・ドゥ・ナント］
ナントのキャンディーを探しています。

Combien de grammes voulez-vous?
［コンビヤン・ドゥ・グラム・ヴレ・ヴ］
何グラム欲しいのですか？

Je l'ai vu dans un guide japonais, il était en boîte.
［ジュ・レ・ヴュ・ダンザン・ギド・ジャポネ、イレテ・アン・ボワット］
日本のガイドで見たのですが、それは缶入りでした。

Ah, oui, mais il n'y en a plus maintenant.
［ア、ウイ、メ・イル・ニ・アナ・プリュ・マントナン］
あぁ、ありますね、でも今は売り切れです。

Si vous voulez, je peux le vendre au poids.
［スィ・ヴ・ヴレ、ジュ・プ・ル・ヴァンドル・オ・ポワ］
よろしければ、量り売りならできますよ。

Je voulais cette jolie boîte, c'est dommage.
［ジュ・ヴレ・セット・ジョリー・ボワット、セ・ドマージュ］
その美しい缶が欲しかったので、残念です。

Sinon, il y a un autre bonbon en boîte, comme ceci.
［スィノン、イリヤ・アン・ノートル・ボンボン・アン・ボワット、コム・ススィ］
もしくは、缶入りの他のキャンディーがありますよ。こんな風な。

C'est mignon aussi. Il vient de quelle région?
［セ・ミニョン・オスィ。イル・ヴィヤン・ドゥ・ケル・レジョン］
これもかわいいですね。どの地方のものですか？

Il vient de Nancy, c'est dans la région de Lorraine.
［イル・ヴィヤン・ドゥ・ナンシー、セ・ダン・ラ・レジョン・ドゥ・ロレーヌ］
ナンシーのものです。ロレーヌ地方ですよ。

J'en prends deux en petite boîte.
[ジャン・プラン・ドゥー・アン・プティット・ボワット]
小さな缶で2ついただきます。

Pourriez-vous me faire un paquet-cadeau?
[プリエ・ヴ・ム・フェール・アン・パケ・カドー]
プレゼント用に包装していただけますか？

砂糖菓子屋さん

confiseur/confiseuse [コンフィズール／コンフィズーズ]　砂糖菓子職人

【 Combien de grammes voulez-vous? 】
[コンビヤン・ドゥ・グラム・ヴレ・ヴ]
何グラム欲しいのですか？

コンフィズリーでは量り売りのところも多く、欲しい量を伝えると、袋などに入れてくれる。100gは cent grammes [サン・グラム]、200gは deux cents grammes [ドゥー・サン・グラム]、300gは trois cents grammes [トロワ・サン・グラム]、400gは quatre cents grammes [カトル・サン・グラム]、500gは une livre [ユンヌ・リーヴル]、1kgは un kilo [アン・キロ]。

Je voudrais quatre cents grammes de pâtes de fruit.
[ジュ・ヴドレ・カトル・サン・グラム・ドゥ・パート・ドゥ・フリュイ]
フルーツゼリーを400gください。

【 Je l'ai vu dans un guide japonais. 】
[ジュ・レ・ヴュ・ダンザン・ギド・ジャポネ]
日本のガイドで見ました。

雑誌やガイドブックなどで紹介されていたお目当てのものがあるのならば、それを見せて欲しいものを指差せば手っ取りばやい。

Je voudrais cela.
[ジュ・ヴドレ・スラ]
これが欲しいのです。

【 Il n'y en a plus. 】 [イル・ニ・アナ・プリュ]　売り切れです。

Je n'en ai plus. [ジュ・ナネ・プリュ]（もうありません。）と言われる場合も。でも、他のものを勧めてくれるかもしれない。

"Clémentines Confites"

砂糖菓子屋さん

【 Il vient de quelle région? 】 ［イル・ヴィヤン・ドゥ・ケル・レジョン］
どの地方のものですか？

フランス各地に伝統的なコンフィズリーがあるから、せっかくならばいろいろと教えてもらおう。

Il est fabriqué dans un monastère depuis le dix-huitième siècle.
［イレ・ファブリケ・ダンザン・モナステール・ドゥピュイ・ル・ディズュイッティエム・スィエクル］
18世紀から修道院で作られているのですよ。

【 J'en prends deux en petite boîte. 】
［ジャン・プラン・ドゥー・アン・プティット・ボワット］
小さな缶で2ついただきます。

en boîte［アン・ボワット］で"缶(箱)入り"ということ。袋入りならば en sachet［アン・サッシェ］。キャンディーの缶の1缶は une boîte de bonbons［ユヌ・ボワット・ドゥ・ボンボン］。

Je prends 300g de bonbons en boîte.
［ジュ・プラン・トロワ・サン・グラム・ドゥ・ボンボン・アン・ボワット］
缶入りでキャンディー300gをいただきます。

Je prends une boîte de 300g de bonbons.
［ジュ・プラン・ユヌ・ボワット・ドゥ・トロワ・サン・グラム・ドゥ・ボンボン］
300gのキャンディーを1缶いただきます。

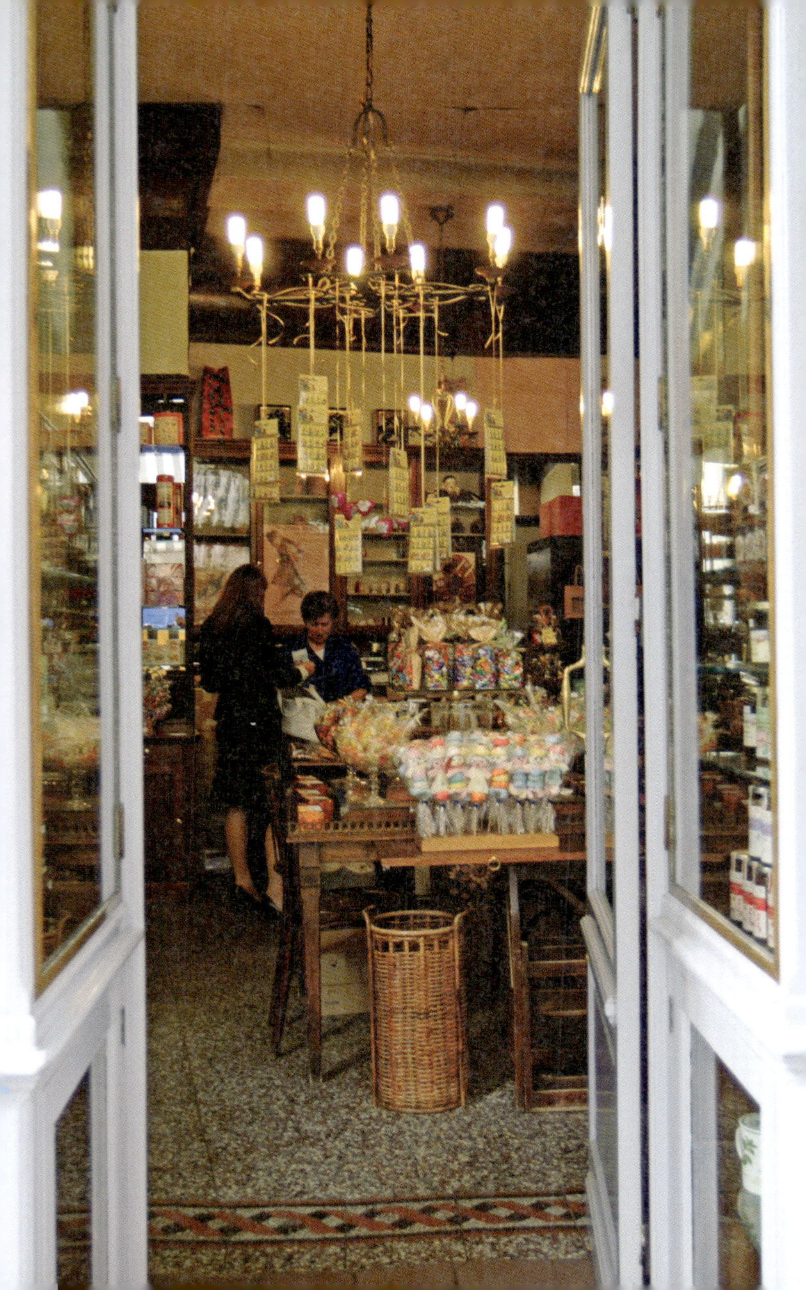

砂糖菓子屋さんにある砂糖菓子たち

【 confiserie 】[コンフィズリー] (f.)　砂糖菓子

confiture [コンフィテュール] (f.)　ジャム
fruit confit [フリュイ・コンフィ] (m.)　フルーツの砂糖漬け
marron glacé [マロン・グラッセ] (m.)　マロングラッセ
angélique [アンジェリク] (f.)　アンジェリカ(セイヨウトウキの砂糖漬け)
pâte de fruit [パート・ドゥ・フリュイ] (f.)　フルーツゼリー
pâte d'amande [パート・ダマンド] (f.)　アーモンドペーストで、いろんな形に細工されている
fruit déguisé [フリュイ・デギゼ] (m.)　ドライフルーツやナッツなどをマジパンで飾ったもの
guimauve [ギモーヴ] (f.)　マシュマロ

bonbon [ボンボン] (m.)　キャンディー
pastille [パスティーユ] (f.)　平たいタブレット
réglisse [レグリス] (m.)　甘草の根、リコリス。グミ状やキャンディーなどさまざまなリコリス風味の黒いお菓子がある
calisson [カリソン] (m.)　メロンの砂糖漬けとアーモンドを混ぜた生地にアイシングをかけたひし形のお菓子
dragée [ドラジェ] (f.)　アーモンドを糖衣で覆ったドラジェ
massepain [マスパン] (m.)　粉末アーモンドに砂糖と卵白を混ぜ合わせたマジパン
nougat blanc [ヌガー・ブラン] (m.)　泡立てた卵白にはちみつを加えたメレンゲに、ナッツを混ぜ合わせた白いヌガー
nougat noir [ヌガー・ノワール] (m.)　キャラメルにナッツを混ぜ合わせた黒いヌガー
praline [プラリーヌ] (f.)　アーモンドをキャラメルで覆ったプラリネ
caramel [カラメル] (m.)　キャラメル
caramel mou [カラメル・ムー] (m.)　やわらかいキャラメル
caramel dur [カラメル・デュル] (m.)　硬いキャラメル
caramel au beurre salé [カラメル・オ・ブール・サレ] (m.)　塩バター風味のキャラメル
caramel au sel de Guérande [カラメル・オ・セル・ドゥ・ゲランド] (m.)　ゲランドの塩入りキャラメル
sucre d'orge [スュクル・ドルジュ] (m.)　褐色の色をつけるため、シロップの中で大麦を煮出した大麦糖

marron glacé   bonbon

guimauve   caramel

フランス各地方の銘菓いろいろ

砂糖菓子屋さんには地方からも名産のお菓子が集まってきます。また足を伸ばして各地方を訪れた際には、その土地伝統の砂糖菓子を楽しんでみてはいかがでしょう？

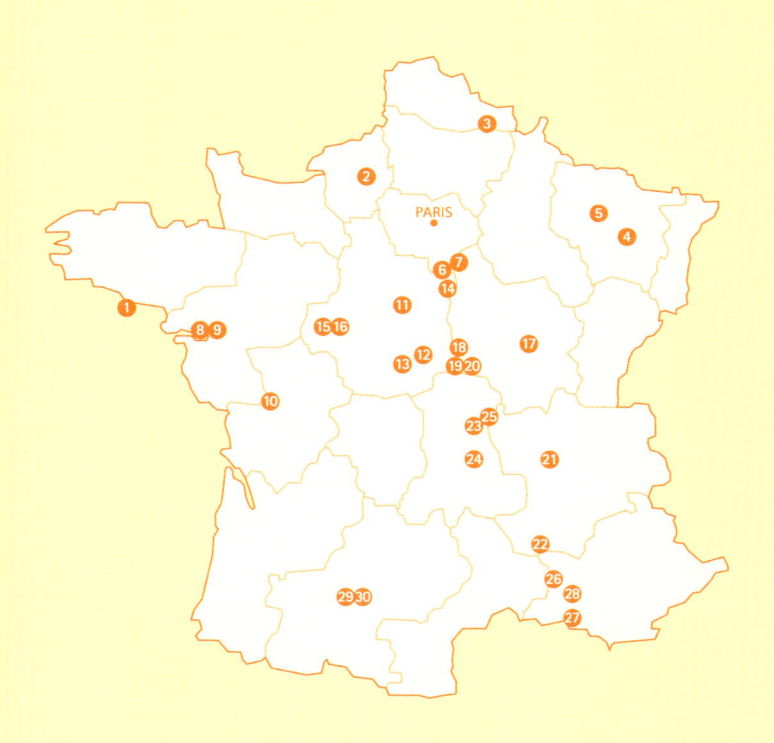

【 Bretagne [ブルターニュ] (*f.*)　ブルターニュ地方 】

❶ **niniche de Quiberon** [ニニッシュ・ドゥ・キブロン] (*f.*)　キブロン（Quiberon）のキャラメルまたはフルーツ風味の細長い棒つきキャンディー

【 Normandie [ノルマンディー] (*f.*)　ノルマンディー地方 】

❷ **sucre de pomme de Rouen** [スュクル・ドゥ・ポム・ドゥ・ルーアン] (*m.*)　ルーアン（Rouen）で作られるりんご風味の棒状のボンボン

【 Nord-Pas-de-Calais [ノール・パ・ドゥ・カレ] (*m.*)　ノール・パ・ドゥ・カレ地方 】

❸ **bêtise de Cambrai** [ベティーズ・ドゥ・カンブレ] (*f.*)　白い練り飴にミント風味のラインが入ったボンボン。カンブレ（Cambrai）の名産

【 Lorraine [ロレーヌ] (*f.*)　ロレーヌ地方 】

❹ **bergamote de Nancy** [ベルガモット・ドゥ・ナンシー] (*f.*)　ナンシー（Nancy）で作られるベルガモット風味の四角いボンボン

❺ **dragée de Verdun** [ドラジェ・ドゥ・ヴェルダン] (*f.*)　ヴェルダン（Verdun）のドラジェ

【 Ile-de-France [イル・ドゥ・フランス] (*f.*)　イル・ドゥ・フランス地方 】

❻ **coquelicot de Nemours** [コクリコ・ドゥ・ヌムール] (*m.*)　ヒナゲシ（coquelicot）の風味をつけた赤くて四角いボンボン。ヌムール（Nemours）の名産

❼ **sucre d'orge de Moret** [スュクル・ドルジュ・ドゥ・モレ] (*m.*)　モレ・スュル・ロワン（Moret-sur-Loing）の修道院で作られ始めた、大麦糖のハート形のボンボン

【 Pays de la Loire [ペイ・ドゥ・ラ・ロワール] (*m.*)　ロワール地方 】

❽ **rigolette Nantaise** [リゴレット・ナンテーズ] (*f.*)　ナント（Nantes）のフルーツ味のジャムを閉じ込めたカラフルなボンボン

❾ **berlingot Nantais** [ベルランゴ・ナンテ] (*m.*)　ナント（Nantes）名産のボンボン。カルパントラと同じピラミッド型ながら白いラインは入っていない

【 Poitou-Charentes [ポワトゥ・シャラント] (*m.*)　ポワトゥ・シャラント地方 】

❿ **angélique de Niort** [アンジェリク・ドゥ・ニオール] (*m.*)　ニオール（Niort）のアンジェリカ

フランス各地方の銘菓いろいろ

【 Centre [サントル] (*m.*) サントル地方 】

- ⑪ cotignac d'Orléans [コティニャック・ドルレアン] (*m.*) オルレアン(Orléans)のマルメロ果汁のゼリー
- ⑫ forestine de Bourges [フォレスティーヌ・ドゥ・ブルジュ] (*f.*) ブルジュ(Bourges)のチョコレート風味のプラリネを飴で包んだボンボン
- ⑬ massepain d'Issoudun [マスパン・ディスーダン] (*m.*) マジパンにアイシングをかけた、イスーダン(Issoudun)の名産
- ⑭ praline de Montargis [プラリーヌ・ドゥ・モンタルジー] (*f.*) モンタルジー(Montargis)のプラリネ
- ⑮ pruneau de Tours [プリュノー・ドゥ・トゥール] (*m.*) アプリコットとりんごのフランベで作られたゼリーをドライプルーンに詰めたトゥール(Tours)の銘菓
- ⑯ sucre d'orge de Tours [スュクル・ドルジュ・ドゥ・トゥール] (*m.*) トゥール(Tours)名産の大麦糖の丸いボンボン

【 Bourgogne [ブルゴーニュ] (*f.*) ブルゴーニュ地方 】

- ⑰ anis de Flavigny [アニス・ドゥ・フラヴィニー] (*m.*) フラヴィニー修道院(Flavigny)で昔から作られてきた、アニスの種を糖衣でくるんだ小さなボンボン
- ⑱ charitois [シャリトワ] (*m.*) チョコレートまたはコーヒー風味のやわらかいキャラメルを飴で覆った、ネギュスに似たボンボン。ブルゴーニュ地方、ラ・シャリテ・スュル・ロワール(La Charité-sur-Loire)の名産でcharitoise [シャリトワーズ] (*f.*) とも呼ばれる
- ⑲ négus de Nevers [ネギュス・ドゥ・ヌヴェール] (*m.*) 飴でキャラメルまたはチョコレート風味のキャラメルを覆った、ヌヴェール(Nevers)のボンボン
- ⑳ nougatine de Nevers [ヌガティーヌ・ドゥ・ヌヴェール] (*f.*) ヌガティーヌをアイシングで覆った小さな丸いボンボン。ヌヴェール(Nevers)の名産

【 Rhône-Alpes [ローヌ・アルプ] (*m.*) ローヌ・アルプ地方 】

- ㉑ papillote de Lyon [パピヨット・ドゥ・リヨン] (*f.*) チョコレートやフルーツゼリーなどさまざまなお菓子を、なぞなぞや格言が書かれた紙と一緒にカラフルな紙に包んだもの。リヨン(Lyon)のクリスマスのお菓子
- ㉒ nougat de Montélimar [ヌガー・ドゥ・モンテリマール] (*m.*) モンテリマール(Montélimar)の白いヌガー

【 Auvergne [オーヴェルニュ] (f.) オーヴェルニュ地方 】

- ㉓ pastille de Vichy [パスティーユ・ドゥ・ヴィシー] (f.) ヴィシー（Vichy）の鉱泉で作られるタブレット
- ㉔ pâte de fruit d'Auvergne [パート・ドゥ・フリュイ・ドーヴェルニュ] (f.) オーヴェルニュ地方のフルーツゼリー
- ㉕ vérité de la Palisse [ヴェリテ・ドゥ・ラ・パリス] (f.) コーヒー、ヘーゼルナッツ、ラムで風味付けた、やわらかいキャラメルを飴で包んだ、ラパリス（Lapalisse）の名産

【 Provence-Alpes-Côte d'Azur [プロヴァンス・アルプ・コート・ダズュール] (f.) プロヴァンス・アルプ・コート・ダジュール地方 】

- ㉖ berlingot de Carpentras [ベルランゴ・ドゥ・カルパントラ] (m.) 引き伸ばしたフルーツ風味の飴を切って作られる、カラフルな色に白い線が入ったピラミッド型のボンボン。カルパントラ（Carpentras）の名産
- ㉗ calisson d'Aix [カリソン・デクス] (m.) エクサン・プロヴァンス（Aix-en-Provence）のカリソン
- ㉘ fruit confit d'Apt [フリュイ・コンフィ・ダプト] (m.) アプト（Apt）のフルーツの砂糖漬け

【 Midi-Pyrénées [ミディ・ピレネー] (m.) ミディ・ピレネー地方 】

- ㉙ cachou Lajaunie [カシュ・ラジョニー] (m.) カテキン（cachou）の含まれた、レグリス風味の四角いボンボン。トゥールーズ（Toulouse）産、黄色の丸い缶のものが有名
- ㉚ violette de Toulouse [ヴィオレット・ドゥ・トゥールーズ] (f.) スミレの花の砂糖漬けで、トゥールーズ（Toulouse）の名産

アイスクリーム屋さん

Glacerie [グラスリ] (*f.*)

Qu'est-ce que je vous sers, mademoiselle?
[ケ・ス・ク・ジュ・ヴ・セール、マドモワゼル]
何にいたしましょうか?

Je voudrais trois boules de glace.
[ジュ・ヴドレ・トロワ・ブール・ドゥ・グラス]
3種類のアイスクリームが欲しいのですが。

Lequelle voulez-vous, un cornet ou un pot?
[ルケル・ヴレ・ヴ、アン・コルネ・ウ・アン・ポ]
コーンとカップ、どちらがよろしいでしょうか?

Un cornet, s'il vous plaît.
[アン・コルネ、シル・ヴ・プレ]
コーンをお願いします。

Choisissez trois parfums.
[ショワズィセ・トロワ・パルファン]
3つの風味を選んでください。

Je prends une boule à la noix de coco, une au cassis et... qu'est-ce que je prends?
[ジュ・プラン・ユンヌ・ブール・ア・ラ・ノワ・ドゥ・ココ、ユンヌ・オ・カシス・エ、ケ・ス・ク・ジュ・プラン]
ココナッツ、カシス、それから…何にしようかしら?

Avez-vous une glace aux fruits de saison?
[アヴェ・ヴ・ユンヌ・グラス・オー・フリュイ・ドゥ・セゾン]
季節のアイスクリームはありますか?

J'ai un sorbet à la figue, il est très bon.
[ジェ・アン・ソルベ・ア・ラ・フィギュ、イレ・トレ・ボン]
イチジクのシャーベットがあります。とてもおいしいわよ。

Je peux remplacer le cassis par la figue?
[ジュ・プ・ランプラセ・ル・カシス・パール・ラ・フィギュ]
カシスをイチジクと替えることができますか?

Et ajoutez une boule au chocolat noir.
[エ・アジュテ・ユンヌ・ブール・オ・ショコラ・ノワール]
そしてブラックチョコレートを加えてください。

C'est un bon choix. A bientôt!
[セタン・ボン・ショワ。ア・ビヤント]
いいチョイスです。また来てくださいね。

アイスクリーム屋さん

glacier [グラスィエ] (m.)　アイスクリーム店の人

【 Je voudrais trois boules de glace. 】
[ジュ・ヴドレ・トロワ・ブール・ドゥ・グラス]
3種類のアイスクリームが欲しいのですが。

アイスクリームの丸いボールは boule [ブール] (f.)。たいてい1個 (une boule [ユンヌ・ブール])、2個 (deux boules [ドゥー・ブール])、3個 (trois boules [トロワ・ブール]) を選ぶことができる。アイスクリームは glace [グラス] (f.)、シャーベットは sorbet [ソルベ] (m.)。

【 Lequelle voulez-vous, un cornet ou un pot? 】
[ルケル・ヴレ・ヴ、アン・コルネ・ウ・アン・ポ]
コーンとカップ、どちらがよろしいでしょうか？

円錐状のコーンは cornet [コルネ] (m.)、カップは pot [ポ] (m.) と言う。大きさを選ぶこともあり、petit pot [プティ・ポ] (小カップ)、grand pot [グラン・ポ] (大カップ)。スプーンは une cuillère [ユンヌ・キュイエール] で、つけてくれなかったら頼んでもらおう。

Donnez-moi une cuillère.
[ドネ・モワ・ユンヌ・キュイエール]
スプーンをください。

PRIX DES CORNETS

SIMPLE		Cornet Parisien ou Pur	
1 BOULE		1 BOULE	
2 BOULES		2 BOULES	
3 BOULES		3 BOULES	

GLACES BERTHILLON

CREME	SORBETS
Agenaise	Fruit de la Passion
Marrons Glacés	Citron Vert
Creole	Peche
CARAMEL BEURRE SALE	Cerise
Pistache	Abricot
Chocolat Mendiant	Mangue
Vanille	Fraise
Gianduja	Cacao Amer
Chocolat	Cocktails exotique
Cappucino	Cassis
Café	Framboise
Reglisse	Poire
Nougat Miel	Pamplemousse
Chocolat Blanc	FRAMBOISE A LA ROSE
PRALINE AMARETTO	Figue
Pain d'épices	Pêche de Vigne
Caramel	Cacao Whisky
Noix de Coco	Mandarine
Noisette	
Praline-Pignons	

アイスクリーム屋さん

【 Choisissez trois parfums. 】
[ショワズィセ・トロワ・パルファン]
3つの風味を選んでください。

アイスクリームやシャーベットの風味は parfum [パルファン] (*m.*)。

Quels parfums choisissez-vous?
[ケル・パルファン・ショワズィセ・ヴ]
何の風味を選びますか?

【 Je prends une boule à la noix de coco et une au cassis. 】
[ジュ・プラン・ユンヌ・ブール・ア・ラ・ノワ・ドゥ・ココ・エ・ユンヌ・オ・カスィス]
ココナッツ風味とカシス風味をください。

une boule à 〜 [ユンヌ・ブール・ア] (〜風味のボール) は une glace à [ユンヌ・グラス・ア] (〜風味のアイス) または un sorbet à 〜 [アン・ソルベ・ア] (〜風味のシャーベット) とも言うことができる。2度目からは省略して une au cassis と言うことも可。Noix de coco et cassis [ノワ・ドゥ・ココ・エ・カスィス] と冠詞をつけなくても伝わる。オプションでホイップクリーム (crème chantilly [クレム・シャンティイ] (*f.*)) をつけることも。

Un pot de sorbet à la rhubarbe avec crème chantilly, s'il vous plaît.
[アン・ポ・ドゥ・ソルベ・ア・ラ・リュバルブ・アヴェク・クレム・シャンティイ・シル・ヴ・プレ]
ホイップクリームをつけたルバーブのシャーベットを1カップください。

【 Je peux remplacer le cassis par la figue? 】
[ジュ・プ・ランプラセ・ル・カスィス・パール・ラ・フィギュ]
カシスをイチジクと替えることができますか?

注文した後でも、まだコーンやカップに入れていなければ変更は可能。"Remplacer A par B" で「AをBに替える」という意味。後悔したくなければ、お願いしてみよう。

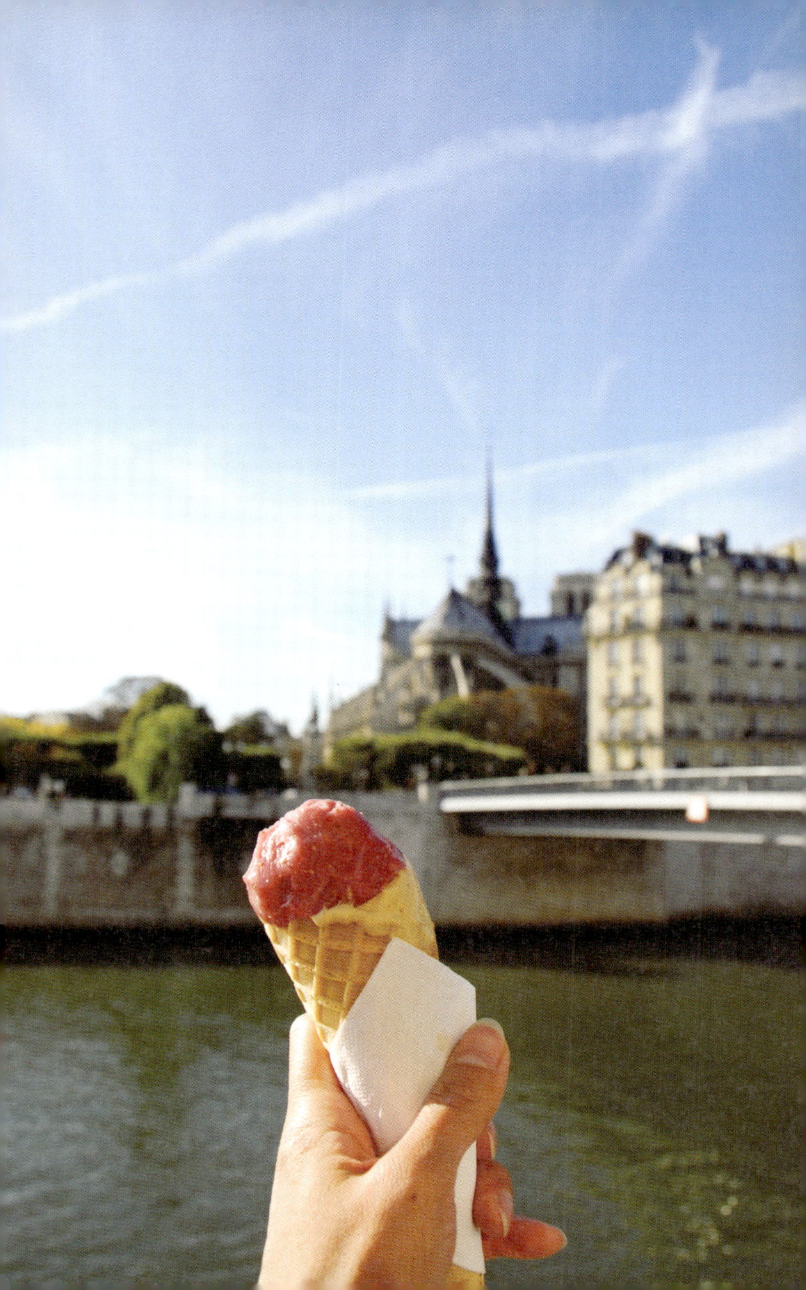

アイスクリーム屋さんにあるアイスたち

【 parfums de glace 】[パルファン・ドゥ・グラス] (*m.*)　アイスクリームの風味

vanille [ヴァニーユ] (*f.*)　バニラ
chocolat amer [ショコラ・アメール] (*m.*)　ビターチョコレート
chocolat noir [ショコラ・ノワール] (*m.*)　ブラックチョコレート
chocolat au lait [ショコラ・オ・レ] (*m.*)　ミルクチョコレート
chocolat blanc [ショコラ・ブラン] (*m.*)　ホワイトチョコレート
moka [モカ] (*m.*)　モカ
café [カフェ] (*m.*)　コーヒー
tiramisu [ティラミス] (*m.*)　ティラミス
thé [テ] (*m.*)　紅茶

caramel [カラメル] (*m.*)　キャラメル
praliné [プラリネ] (*m.*)　プラリネ
nougat [ヌガー] (*m.*)　ヌガー
noix de coco [ノワ・ドゥ・ココ] (*f.*)　ココナッツ
lait d'amande [レ・ダマンド] (*m.*)　アーモンドミルク
pistache [ピスタッシュ] (*f.*)　ピスタチオ
noisette [ノワゼット] (*f.*)　ヘーゼルナッツ
noix [ノワ] (*f.*)　クルミ
pignon [ピニョン] (*m.*)　松の実

miel [ミエル] (*m.*)　はちみつ
sirop d'érable [スィロ・デラーブル] (*m.*)　メープルシロップ
marron glacé [マロン・グラッセ] (*m.*)　マロン・グラッセ
quatre-épices [カトル・エピス] (*m.*)　こしょう、ナツメグ、クローブ、シナモンの混合スパイス
gingembre [ジャンジャンブル] (*m.*)　ジンジャー
plombières [プロンビエール] (*f.*)　フルーツの砂糖漬け入り
créole [クレオール] (*f.*)　パイナップル、ラム酒入り
grand-marnier [グラン・マルニエ] (*m.*)　グラン・マルニエ酒

【 parfums de sorbet 】[パルファン・ドゥ・ソルベ] (*m.*)
シャーベットの風味

cassis [カスィス] (*m.*)　カシス
fraise [フレーズ] (*f.*)　いちご
framboise [フランボワーズ] (*f.*)　ラズベリー
mûre [ミュール] (*f.*)　ブラックベリー
myrtille [ミルティーユ] (*f.*)　ブルーベリー
groseille [グロゼイユ] (*f.*)　スグリ
cerise [スリーズ] (*f.*)　さくらんぼ
griotte [グリオット] (*f.*)　グリオット (酸味の強いさくらんぼ)

poire [ポワール] (*f.*)　洋なし
pomme [ポム] (*f.*)　りんご
abricot [アブリコ] (*m.*)　アプリコット
pêche [ペッシュ] (*f.*)　モモ
melon [ムロン] (*m.*)　メロン
mirabelle [ミラベル] (*f.*)　ミラベル (プルーンの一種)
reine-claude [レーヌ・クロード] (*f.*)　レーヌ・クロード (プルーンの一種)
figue [フィギュ] (*f.*)　イチジク
muscat [ミュスカ] (*m.*)　マスカット
rhubarbe [リュバルブ] (*f.*)　ルバーブ

orange [オランジュ] (*f.*)　オレンジ
mandarine [マンダリーヌ] (*f.*)　マンダリンオレンジ
citron [スィトロン] (*m.*)　レモン
citron vert [スィトロン・ヴェール]　ライム
pamplemousse [パンプルムース] (*m.*)　グレープフルーツ

ananas [アナナス] (*m.*)　パイナップル
banane [バナーヌ] (*f.*)　バナナ
fruit de la passion [フリュイ・ドゥ・ラ・パスィヨン] (*m.*)　パッションフルーツ
litchi [リチ] (*m.*)　ライチ
mangue [マング] (*f.*)　マンゴー
menthe [マント] (*f.*)　ミント

地方のビスキュイいろいろ

保存性をよくするためにパンを2回焼いて作り出された、その名も"2回焼いたパン"が語源の biscuit [ビスキュイ] (*m.*)。工業化されて今やスーパーにもずらりと並ぶ、各地方からやってきた親しみやすいお菓子を見てみましょう。

anisbredele [アニスブレデル] (*m.*)
アニス風味のメレンゲ風生地にビスキュイ生地を重ねた、アルザス地方のクリスマス用お菓子。24時間乾燥させてから焼いた固めの生地をかじると、アニスの清涼感が広がる。

biscuit rose [ビスキュイ・ローズ] (*m.*)
バニラのさやで風味付けしたところ、生地が黒くなってしまったことからコチニール色素でピンク色に仕上げたという軽い食感のビスキュイ。シャンパーニュ地方、ランス (Reims) の街の名産でシャンパンに浸して食べるのが王道。

étoile à la cannelle [エトワール・ア・ラ・カネル] (*f.*)
泡立てた卵白に砂糖、シナモン、アーモンドなどを混ぜ合わせ、アイシングをかけて焼いた、アルザス地方のお菓子。その星型の形からクリスマスに登場することが多いけれど、一年中いろんな催しに食べられる。

crêpe dentelle [クレープ・ダンテル] (*f.*)
クレープで名高いブルターニュ地方のディナン (Dinan) で生まれたレース状 (dentelle) のクレープ。薄い生地を幾重にも重ねて作られた、繊細でパリパリのクレープは、アイスクリームのお供にぴったり。

galette [ガレット] (*f.*)
バターをたっぷり加えるブルターニュ地方ならではの濃厚クッキー。丸くて平らなもの指す galette はさまざまなお菓子の名前になっていて、ブルターニュ地方のそば粉のクレープとしてもお馴染み。

gaufre [ゴフル] (*f.*)
鉄板2枚（gaufrier [ゴフリエ] (*m.*)）で挟んで生地を焼く、格子模様のついたワッフルは、厚みのある gaufre liégeoise [ゴフル・リエジョワーズ] から、薄いクッキーのような gaufre flamande [ゴフル・フラマンド] までさまざま。フランスではノール・パ・ドゥ・カレ地方が名産。

gâteau à la peau de lait [ガトー・ア・ラ・ポー・ドゥ・レ] (*m.*)
生クリームと熱した牛乳の表面にできる膜（peau de lait）で作られるブルゴーニュ地方の風味豊かなビスキュイ。中世から伝わるレシピを元に再現したもの。

palet [パレ] (*m.*)
ブルターニュ地方のバターがたっぷり入ったクッキーのことで、galette よりもより厚いものを指すことが多い。

petit beurre [プティ・ブール] (*m.*)
フランスの国民的お菓子といえば、ギザギザの縁で四角い形のビスケット。ロワール地方、ナント（Nantes）で生まれたミルク風味のやさしい味わい。

spéculoos [スペキュロス] (*m.*)
シナモンで香り、粗糖でコクを出した茶色いビスケット。ベルギーが本場ながら、フランスの北部などでも伝統的なお菓子。街のカフェでコーヒーを頼むとオマケについてきたりする。

Chapitre 2 お菓子を作ろう！

Partie 1
基本の製菓用語

お菓子を作るために必要なフランス語は専門的な単語がいっぱい。
でも、フランス菓子を作るのに日本でも一般的に使われている単語もあります。
また、自分の好きな分野でのフランス語を学んでいけば、
学習意欲がもっと沸いてくるというもの。
ここでは知っておけばフランス菓子を作るのがもっと楽しくなる！
製菓用語を集めてみました。

製菓道具

Ustensiles de pâtisserie [ユスタンスィル・ドゥ・パティスリー]

cuisine [キュイズィーヌ] (*f.*) 調理場
plan de travail [プラン・ドゥ・トラヴァイユ] (*m.*) 調理台
réfrigérateur [レフリジェラトゥール] (*m.*) 冷蔵庫 ＝ frigo [フリゴ] (*m.*)
congélateur [コンジェラトゥール] (*m.*) 冷凍庫
feu [フー] (*m.*) コンロ、火
four [フール] (*m.*) オーブン
plaque à four [プラク・ア・フール] (*f.*) 天板
plaque à pâtisserie [プラク・ア・パティスリー] (*f.*) 製菓用天板
grille à pâtisserie [グリユ・ア・パティスリー] (*f.*) ケーキクーラー

verre doseur [ヴェール・ドズール] (*m.*) 計量カップ
balance de cuisine [バランス・ドゥ・キュイズィーヌ] (*f.*) はかり

planche à découper [プランシュ・ア・デクーペ] (*f.*) まな板
couteau [クートー] (*m.*) 包丁
couteau d'office [クートー・ドフィス] (*m.*) ペティナイフ
économe [エコノム] (*m.*) 皮むき器(商標)
vide-pomme [ヴィド・ポム] (*m.*) りんごの芯抜き器
canneleur [カヌルール] (*m.*) 果物などの皮に飾り用の溝をつけるピーラー
zesteur [ゼストゥール] (*m.*) 柑橘類の外皮むき器
presse-agrumes [プレス・アグリュム] (*m.*) 果汁絞り器
râpe [ラープ] (*f.*) おろし金
chinois [シノワ] (*m.*) 円錐の形をした濾し器
tamis [タミ] (*m.*) ふるい、裏ごし器
étamine [エタミヌ] (*f.*) 濾し布

fouet [フエ] (*m.*) 泡立て器
robot de cuisine [ロボ・ドゥ・キュイズィーヌ] (*m.*) フードプロセッサー
cuve [キュヴ] (*f.*) フードプロセッサーの材料を入れる容器
batteur [バトゥール] (*m.*) ハンドミキサー
blender [ブランデール] (*m.*) ブレンダー
mixeur [ミクスール] (*m.*) ミキサー

- rouleau à pâtisserie
- fouet
- spatule en caoutchouc
- pinceau
- torchon
- cul-de-poule

製菓道具

spatule [スパテュル] (f.)　へら、木べら
spatule en bois [スパテュル・アン・ボワ]　木べら
spatule en caoutchouc [スパテュル・アン・カウチュー]　ゴムべら
　= maryse [マリーズ] (f.)
palette [パレット] (f.)　パレットナイフ

louche [ルーシュ] (f.)　レードル
écumoire [エキュモワール] (f.)　あく取り用の穴あき杓子
corne [コルヌ] (f.)　スケッパー、プラスチックのへら
coupe-pâte [クープ・パート] (m.)　生地用カッター
ciseaux [シゾー] (m.)　はさみ
rouleau à pâtisserie [ルーロー・ア・パティスリー] (m.)　めん棒
pelle à tarte [ペル・ア・タルト] (f.)　タルトサーバー

pinceau [パンソー] (m.)　刷毛
poche à douille [ポッシュ・ア・ドゥイユ] (f.)　絞り出し袋
douille [ドゥイユ] (f.)　口金
douille cannelée [ドゥイユ・カヌレ]　ギザギザの口金
douille ronde [ドゥイユ・ロンド]　丸形の口金 = douille unie [ドゥイユ・ユニ]
seringue à décorer [スラング・ア・デコレ] (f.)　デコレーター。クリーム絞り器
siphon à chantilly [スィフォン・ア・シャンティイ] (m.)　炭酸ガスでホイップクリームを
　作る器具

casserole [カスロール] (f.)　片手鍋
russe [リュス] (f.)　片手鍋
bain-marie [バン・マリー] (m.)　湯せん、湯せん器
calotte [カロット] (f.)　円錐台形のボウル
cul-de-poule [キュ・ドゥ・プール] (m.)　泡立てる時などに使う底が丸くなったボウル
récipient [レスィピヤン] (m.)　容器

moule [ムール] (*m.*)　型
moule à muffin [ムール・ア・ムファン]　マフィン型
moule en silicone [ムール・アン・スィリコーヌ]　シリコン製型
moule à tarte [ムール・ア・タルト]　タルト型
moule à cake [ムール・ア・ケーク]　ケーキ用の長方形の型
moule à canelé [ムール・ア・カヌレ]　カヌレ型
moule à manqué [ムール・ア・マンケ]　マンケ型

caissette [ケセット] (*f.*)　小さな型
caissette en papier [ケセット・アン・パピエ]　紙カップ
caissette en aluminium [ケセット・アン・アリュミニオム]　アルミカップ
ramequin [ラムカン] (*m.*)　ラムカン型(スフレなどの円筒形の型)
coupelle à crème brûlée [クーペール・ア・クレム・ブリュレ] (*f.*)　クレム・ブリュレ用の平らな耐熱器
cercle [セルクル] (*m.*)　セルクル(タルトやケーキ用の輪金)

pince à tarte [パンス・ア・タルト] (*f.*)　パイばさみ(生地の端を飾るために使う)
découpoir [デクポワール] (*m.*)　抜き型
découpoir cannelé [デクポワール・カヌレ]　ぎざぎざになった抜き型
découpoir lisse [デクポワール・リス]　丸形の抜き型 = découpoir rond [デクポワール・ロン]
emporte-pièce [アンポルト・ピエス] (*m.*)　抜き型
cornet en papier [コルネ・アン・パピエ] (*m.*)　文字を書いたり、デコレーション用に使う紙で作ったコルネ

chalumeau [シャリュモー] (*m.*)　ガスバーナー
entonnoir à piston [アントノワール・ア・ピストン] (*m.*)　材料を適量に流し込める漏斗

film [フィルム]　ラップ
papier aluminium [パピエ・アリュミニオム] (*m.*)　アルミホイル
papier sulfurisé [パピエ・スュルフリゼ]　クッキングシート
torchon [トルション] (*m.*)　ふきん
manique [マニック] (*f.*)　鍋つかみ
gant de cuisine [ガン・ドゥ・キュイズィーヌ] (*m.*)　オーブンミトン
toque [トック] (*f.*)　コック帽
tablier [タブリエ] (*m.*)　エプロン

製菓材料

Ingrédients de pâtisserie [アングレディヤン・ドゥ・パティスリー]

【 farine 】[ファリーヌ](f.) 小麦粉、粉

farine de blé [ファリーヌ・ドゥ・ブレ] 小麦粉
farine T45 [ファリーヌ・ティップ・カラント・サンク] 100gにつき含まれる灰分が0.5g以下の混じりけの少ない小麦粉で、お菓子に使われる。"T"はtype[ティップ](m.)(タイプ)の略
farine T55 [ファリーヌ・ティップ・サンカント・サンク] 100gにつき含まれる灰分が0.5〜0.6gの小麦粉で、一般的なパンに使われる
farine de froment [ファリーヌ・ドゥ・フロマン] 小麦粉
fleur de farine [フルール・ドゥ・ファリーヌ](f.) 混じりけの少ない上質の小麦粉
semoule [スムール](f.) 挽き割りにした硬質小麦

farine de sarrasin [ファリーヌ・ドゥ・サラザン] そば粉
farine de châtaigne [ファリーヌ・ドゥ・シャテーニュ] 栗の粉
farine de maïs [ファリーヌ・ドゥ・マイス] とうもろこしの粉
maïzena [マイゼナ](f.) コーンスターチ (商標)
levure chimique [ルヴュール・シミック](f.) ベーキングパウダー
= levure en poudre [ルヴュール・アン・プードル]
levure de boulanger [ルヴュール・ドゥ・ブーランジェー] イースト
bicarbonate de soude [ビカルボナート・ドゥ・スゥード](m.) 重曹
riz [リ](m.) 米

pailleté feuilletine [パイエテ・フイユティーヌ](m.) ウエハースの細かい破片
feuille de gélatine [フイユ・ドゥ・ジェラティーヌ](f.) 板ゼラチン
fécule [フェキュル](f.) かたくり粉
colorant alimentaire [コロラン・アリマンテール](m.) 食用色素

【 œuf 】[ウフ](m.) 卵

œuf entier [ウフ・アンティエ] 全卵
blanc d'œuf [ブラン・ドゥフ](m.) 卵白
jaune d'œuf [ジョーヌ・ドゥフ](m.) 卵黄

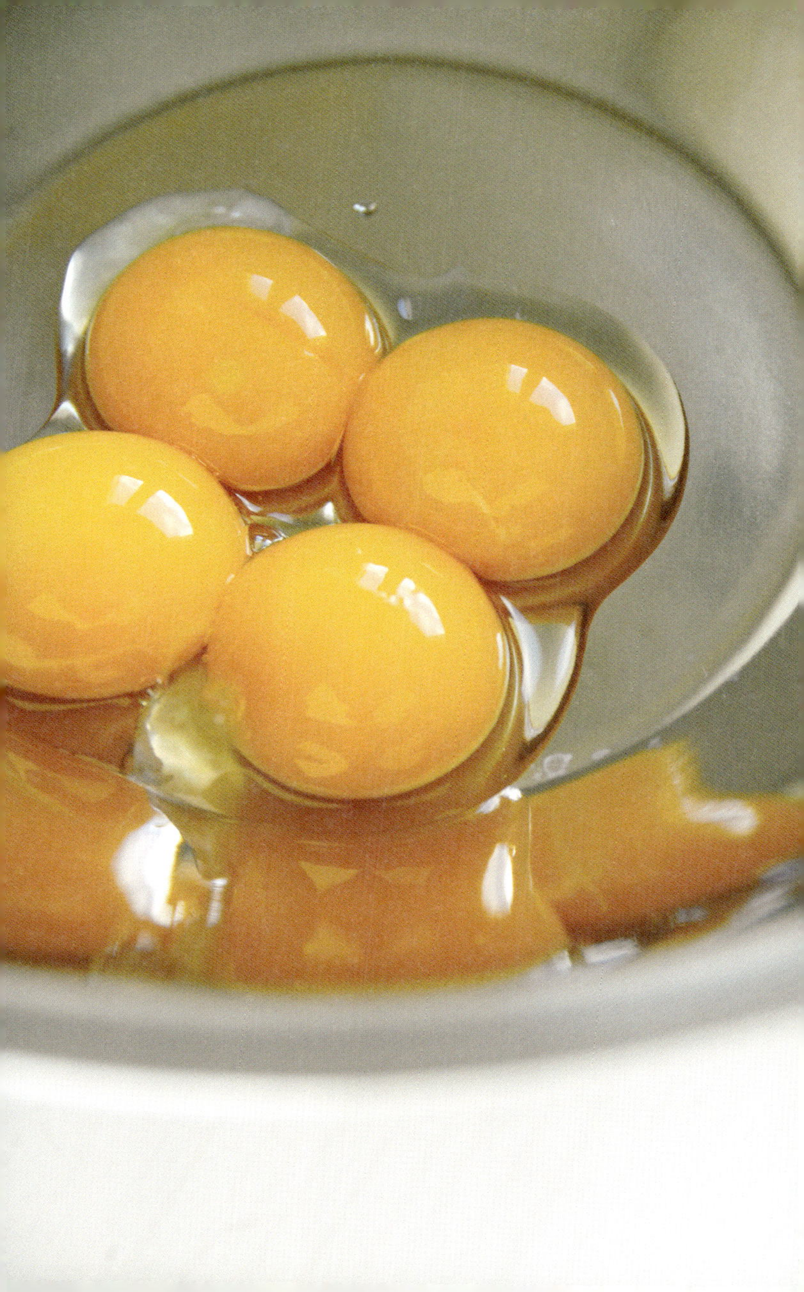

【 sucre 】[スュクル] (*m.*)　砂糖

sucre blanc [スュクル・ブラン]　白砂糖
sucre blond [スュクル・ブロン]　粗糖
sucre roux [スュクル・ルー]　粗糖または中双糖
sucre complet [スュクル・コンプレ]　黒砂糖
sucre candi [スュクル・カンディ]　氷砂糖
sucre casson [スュクル・カッソン]　あられ糖 ＝ sucre en grains [スュクル・アン・グラン]
sucre semoule [スュクル・スムール]　グラニュー糖
　　＝ sucre cristallisé [スュクル・クリスタリゼ]
sucre en poudre [スュクル・アン・プードル]　粉砂糖 ＝ sucre glace [スュクル・グラス]
sucre gélifiant [スュクル・ジェリフィアン]　ペクチン、クエン酸を加えたジャム用の砂糖
sucre vanillé [スュクル・ヴァニエ]　バニラの風味がついた砂糖
sucre de canne [スュクル・ドゥ・カンヌ]　サトウキビの砂糖
cassonade [カソナード] (*f.*)　サトウキビの赤砂糖
vergeoise [ヴェルジョワーズ] (*f.*)　テンサイの茶色の砂糖
sirop [スィロ] (*m.*)　シロップ
glucose [グリュコーズ] (*m.*)　水あめ
miel [ミエル] (*m.*)　はちみつ

【 lait 】[レ] (*m.*)　牛乳

lait entier [レ・アンティエ]　1ℓにつき脂肪分3.5%以上の牛乳
lait demi-écrémé [レ・ドゥミ・エクレメ]　1ℓにつき脂肪分1.7%前後の牛乳
lait écrémé [レ・エクレメ]　1ℓにつき脂肪分0.3%以下の牛乳
lait concentré sucré [レ・コンサントレ・スュクレ]　コンデンスミルク
lait concentré non sucré [レ・コンサントレ・ノン・スュクレ]　エバミルク
lait en poudre [レ・アン・プードル]　粉ミルク
lait de soja [レ・ドゥ・ソジャ]　豆乳

【 beurre 】[ブール] (*m.*)　バター

beurre doux [ブール・ドゥー]　無塩バター
beurre demi-sel [ブール・ドゥミ・セル]　0.5〜3%の塩分を含むバター
beurre salé [ブール・サレ]　3%以上の塩分を含むバター
beurre mou [ブール・ムー]　やわらかくしたバター
beurre en pommade [ブール・アン・ポマード]　ポマード状のバター
beurre fondu [ブール・フォンデュ]　溶かしバター

【 crème 】[クレム](f.)　クリーム

crème fraîche [クレム・フレッシュ]　生クリーム
crème fleurette [クレム・フルレット]　液体状の生クリーム
crème épaisse [クレム・エペス]　クリーム状の生クリーム
crème double [クレム・ドゥーブル]　脂肪分60%以上を含む濃厚なクリーム
crème sous pression [クレム・スー・プレッシォン]　スプレー缶で売られるホイップクリーム。en bombe [アン・ボンブ]、en spray [アン・スプレイ]とも言う

yaourt nature [ヤウルト・ナチュール](m.)　プレーンヨーグルト
fromage frais [フロマージュ・フレ](m.)　フレッシュチーズ
　= fromage blanc [フロマージュ・ブラン]

【 fruit sec 】[フリュイ・セック](m.)　ナッツ、ドライフルーツ

amande [アマンド](f.)　アーモンド
　poudre d'amande [プードル・ダマンド](f.)　アーモンドパウダー
　pâte d'amande [パート・ダマンド](f.)　アーモンドペースト
noisette [ノワゼット](f.)　ヘーゼルナッツ
noix [ノワ](f.)　クルミ
noix d'acajou [ノワ・ダカジュ]　カシューナッツ
noix de macadamia [ノワ・ドゥ・マカダミア]　マカダミアナッツ
noix de pécan [ノワ・ドゥ・ペカン]　ピーナンナッツ
pistache [ピスタッシュ](f.)　ピスタチオ
pignon [ピニョン](m.)　松の実
graine de pavot [グレヌ・ドゥ・パヴォ](f.)　ケシの実
raisin sec [レザン・セック](m.)　レーズン
raisin de Corinthe [レザン・ドゥ・コラント]　小粒のカラントレーズン
pruneau [プリュノー](m.)　ドライプルーン
abricot sec [アブリコ・セック](m.)　ドライアプリコット

ナッツの形状

レシピの材料表記でナッツの名前の後ろに、状態を示す形容詞がついている場合があります。主なものとしては、薄皮をむいた（mondé(e) [モンデ]）、炒った（grillé(e) [グリエ]）、粉砕した（pilé(e) [ピレ]）、砕いた（broyé(e) [ブロワイエ]）、スライスした（effilé(e) [エフィレ]）、キャラメリゼした（caramélisé(e) [カラメリゼ]）など。形容詞は、つく名詞が女性名詞の場合は（ ）の形になります。

製菓材料

【 agrumes 】[アグリュム] (m.) 柑橘類

citron [スィトロン] (m.) レモン
citron vert [スィトロン・ヴェール] ライム
orange [オランジュ] (f.) オレンジ
orange amère [オランジュ・アメール] ダイダイ、ビターオレンジ
pamplemousse [パンプルムース] (m.) グレープフルーツ
bergamote [ベルガモット] (f.) ベルガモット
yuzu [ユズ] (m.) ゆず

【 fruit 】[フリュイ] (m.) フルーツ

fraise [フレーズ] (f.) いちご
framboise [フランボワーズ] (f.) ラズベリー
mûre [ミュール] (f.) ブラックベリー
myrtille [ミルティーユ] (f.) ブルーベリー
groseille [グロゼイユ] (f.) スグリ
cassis [カスィス] (m.) カシス
cerise [スリーズ] (f.) さくらんぼ
griotte [グリオット] (f.) グリオット(酸味の強いさくらんぼ)
abricot [アブリコ] (m.) アプリコット
mirabelle [ミラベル] (f.) ミラベル
pomme [ポム] (f.) りんご
poire [ポワール] (f.) 洋なし
rhubarbe [リュバルブ] (f.) ルバーブ
figue [フィギュ] (f.) イチジク
banane [バナーヌ] (f.) バナナ
kiwi [キゥイ] (m.) キウイ
mangue [マング] (f.) マンゴー
fruit de la passion [フリュイ・ドゥ・ラ・パスィヨン] (m.) パッションフルーツ
noix de coco [ノワ・ドゥ・ココ] (f.) ココナッツ

フルーツの形状

レシピ上でフルーツの名前の前や後ろに、状態を表す名詞や形容詞がついてある場合があります。主なものとしては、外皮(zeste [ゼスト] (m.))、皮(écorce [エコルス] (f.))、皮をむいた(épluché(e) [エプリュシェ])、おろした、削った(râpé(e) [ラペ])、果汁(jus [ジュ] (m.))、果肉(pulpe [ピュルプ] (f.))、種を取った(dénoyauté(e) [デノワヨテ])、砂糖漬けした(confit(e) [コンフィ(ト)])、冷凍した(congelé(e) [コンジュレ])、ピュレ(purée [ピュレ] (f.))、ピュレ状のソース(coulis [クーリ] (m.))など。

【 épice 】[エピス] (*f.*) スパイス

vanille [ヴァニーユ] (*f.*) バニラ
  gousse de vanille [グース・ドゥ・ヴァニーユ] (*f.*) バニラビーンズ
  gousse de vanille fendue [グース・ドゥ・ヴァニーユ・ファンデュ] 裂いたバニラビーンズ
  essence de vanille [エサンス・ドゥ・ヴァニーユ] (*f.*) バニラエッセンス
cannelle [カネル] (*f.*) シナモン
  bâton de cannelle [バトン・ドゥ・カネル] (*m.*) シナモンスティック
muscade [ミュスカド] (*f.*) ナツメグ
  noix de muscade [ノワ・ドゥ・ミュスカド] (*f.*) ナツメグの実
anis étoilé [アニス・エトワレ] (*m.*) スターアニス
anis vert [アニス・ヴェール] (*m.*) アニスシード
cardamome [カルダモム] (*f.*) カルダモン
gingembre [ジャンジャンブル] (*m.*) ジンジャー、ショウガ
menthe [マント] (*f.*) ミント
  feuille de menthe [フイユ・ドゥ・マント] (*f.*) ミントの葉
  menthe poivrée [マント・ポワヴレ] (*f.*) ペパーミント
thym [タン] (*m.*) タイム

【 alcool 】[アルコール] (*f.*) アルコール

rhum [ラム] (*m.*) ラム酒
kirsch [キルシュ] (*m.*) キルシュ(さくらんぼの蒸留酒)
cointreau [コワントロー] (*m.*) コアントロー(オレンジリキュールの商標名)
grand-marnier [グラン・マルニエ] (*m.*) グラン・マルニエ酒(コニャックとオレンジの蒸留を熟成させたリキュールの商標名)
champagne [シャンパーニュ] (*m.*) シャンパン
cognac [コニャック] (*m.*) コニャック(コニャック地方で作られるブランデー)
armagnac [アルマニャック] (*m.*) アルマニャック(アルマニャック地方で作られるブランデー)
chartreuse [シャルトリューズ] (*f.*) シャルトルーズ(香草のリキュール)
calvados [カルヴァドス] (*m.*) カルヴァドス(シードルの蒸留酒)
liqueur de mirabelle [リクール・ドゥ・ミラベル] (*f.*) ミラベルのリキュール
crème de cassis [クレム・ドゥ・カシス] (*f.*) カシスのリキュール

製菓専門用語

Mots de pâtisserie [モ・ドゥ・パティスリー]

base [バーズ] (*f.*)　土台
appareil [アパレイユ] (*m.*)　詰めたり、のせたりする材料を混ぜ合わせたもの

【 pâte 】 [パート] (*f.*)　生地

pâte brisée [パート・ブリゼ]　バター、小麦粉、卵を混ぜ合わせて作るタルトなどに使われるブリゼ生地

pâte sablée [パート・サブレ]　小麦粉とバターを砂状に混ぜ合わせ、砂糖、卵を加えて作るサクサクした食感のサブレ生地

pâte sucrée [パート・スュクレ]　やわらかくしたバターに砂糖、卵黄を混ぜ合わせてから最後に小麦粉を加えて作る、ほろほろした生地

pâte feuilletée [パート・フイユテ]　折り込みパイ生地

détrempe [デトランプ] (*f.*)　パイ生地用にバターを折り込む前の、小麦粉と水を混ぜ合わせた生地

pâte à foncer [パータ・フォンセ]　基本的に卵、砂糖が入らないタルトの底に敷く用の生地

pâte à choux [パータ・シュー]　バター、水、砂糖を熱し、小麦粉を加えて水分を飛ばしながら作るシュー生地

pâte à crêpes [パータ・クレープ]　小麦粉、卵、牛乳、溶かしバターで作るクレープ生地

pâte à frire [パータ・フリール]　ベーキングパウダーを加えた揚げ衣用生地、ベニエ用生地 = pâte à beignets [パータ・ベニエ]

pâte levée [パート・ルヴェ]　発酵生地

biscuit à la cuillère [ビスキュイ・ア・ラ・キュイエール] (*m.*)　昔はスプーンで形作った、軽い食感の細長いビスケット

biscuit joconde [ビスキュイ・ジョコンド] (*m.*)　卵、小麦粉、砂糖、粉末アーモンドに溶かしバター、泡立てた卵白を混ぜ合わせて焼いた軽いスポンジ生地

biscuit de Savoie [ビスキュイ・ドゥ・サヴォワ] (*m.*)　卵黄、砂糖、小麦粉に泡立てた卵白を混ぜて作るスポンジ生地

génoise [ジェノワーズ] (*f.*)　卵、砂糖を湯せんにかけて泡立ててから、溶かしバター、小麦粉を混ぜ合わせた、軽いスポンジ生地

pain azyme [パン・アズィム] (*m.*)　無酵母パン。カリソンやヌガーなどに敷く薄いウエハース

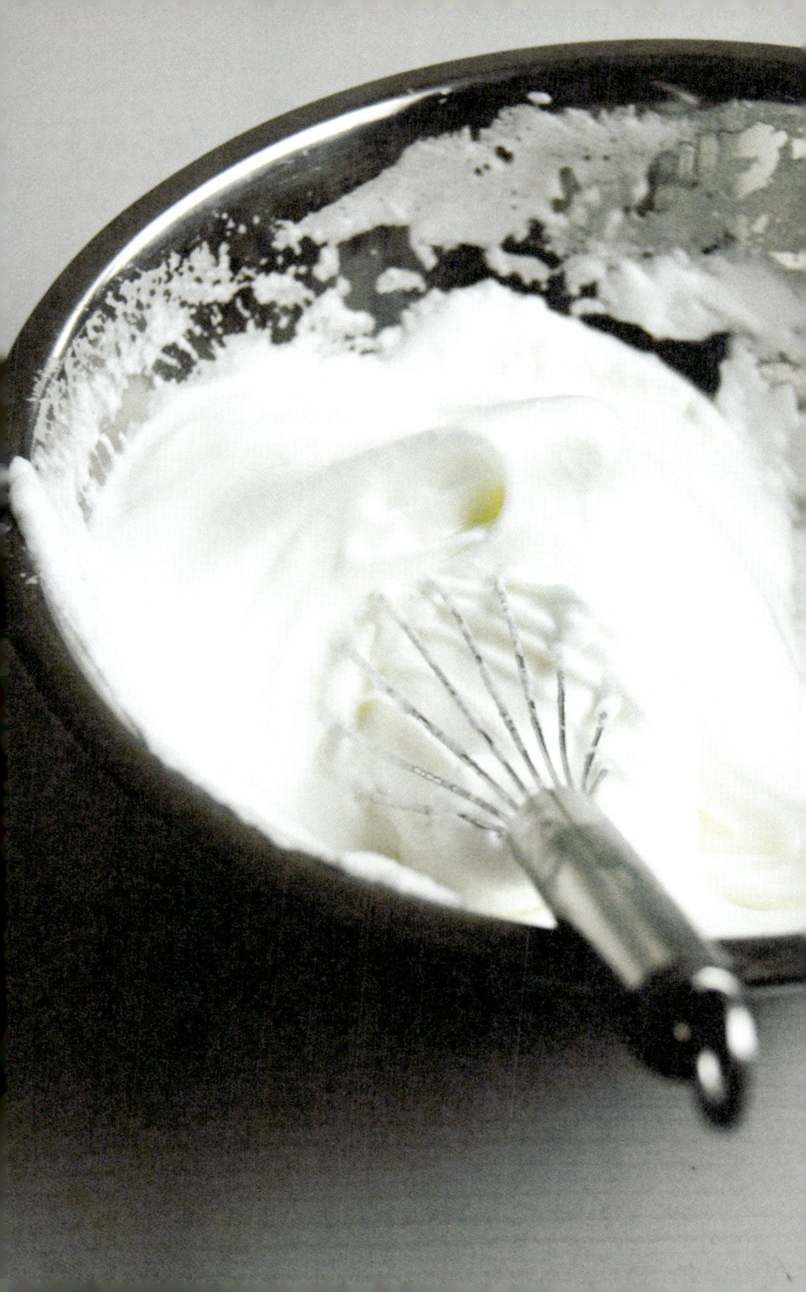

【 crème 】[クレム] (*f.*) クリーム

crème anglaise [クレム・アングレーズ]　クレーム・アングレーズ。卵黄、砂糖を混ぜ、バニラで風味づけて熱した牛乳を加えて作るソース

crème bavaroise [クレム・バヴァロワーズ]　クレーム・アングレーズにゼラチン、ホイップクリームを加えたババロア用クリーム

crème au beurre [クレム・オ・ブール]　卵黄にシロップを混ぜ合わせ、バターを加えて作るバタークリーム

crème fouettée [クレム・フエテ]　泡立てた生クリーム

crème chantilly [クレム・シャンティイ]　泡立てた生クリームに砂糖、バニラを加えたもの

crème pâtissière [クレム・パティスィエール]　カスタードクリーム。卵黄、砂糖、小麦粉、コーンスターチを混ぜ、バニラで風味づけて熱した牛乳を加え、火を通して作る

crème chiboust [クレム・シブスト]　カスタードクリームにイタリアンメレンゲを加えたクリーム。サントノレに使われる

crème d'amande [クレム・ダマンド]　バター、アーモンドパウダー、砂糖を混ぜ、卵を加えて作るアーモンドクリーム

crème frangipane [クレム・フランジパーヌ]　フランジパーヌ。カスタードクリームにアーモンドクリームを加えたもの

crème mousseline [クレム・ムスリーヌ]　カスタードクリームにバターを加えて濃厚に仕上げたムスリンクリーム

sabayon [サバイヨン] (*m.*)　サバイヨン(卵黄、砂糖を湯せんにかけ、果汁やアルコールを加えたソース、デザート)

meringue française [ムラング・フランセーズ] (*f.*)　フレンチメレンゲ(泡立てた卵白に砂糖を加えたメレンゲ)

meringue italienne [ムラング・イタリエンヌ] (*f.*)　イタリアンメレンゲ(泡立てた卵白に煮詰めたシロップ(boulé [ブーレ] (*m.*) 120℃)を加えて火を通したメレンゲ)

meringue suisse [ムラング・スイス] (*f.*)　スイスメレンゲ(卵白と砂糖を混ぜ合わせて湯せんにかけ、火を通しながら泡立てたメレンゲ)

glace royale [グラス・ロワイヤル] (*f.*)　卵白に粉糖とレモン汁を加えて作るアイシング

fondant [フォンダン] (*m.*)　水あめと砂糖を熱して作るアイシング

pastillage [パスティヤージュ] (*m.*)　粉糖、水、ゼラチン、かたくり粉などを混ぜ合わせて作る装飾用のペースト

nappage [ナパージュ] (*m.*)　あんずなどのジャムを裏ごしした、仕上がりを美しく見せるためのコーティング用ソース

砂糖の加熱（cuisson du sucre [キュイソン・デュ・スュクル] (*f.*)）

砂糖に水を加えて加熱すると、温度の上昇とともにシロップの状態が変わっていきます。各段階で使用するお菓子も変わってくるので、それぞれの状態を知ることが大切です。

nappé [ナペ] (*m.*)　または sirop [スィロ] (*m.*)。シロップが沸騰して透明になる状態（100℃）

petit filet [プティ・フィレ] (*m.*)　冷水にシロップを垂らすと糸状になる状態（105〜107℃）

grand filet [グラン・フィレ] (*m.*)　冷水にシロップを垂らすと太めの糸状になる状態（108〜110℃）

petit perlé [プティ・ペルレ] (*m.*)　冷水の中でシロップをつけた指を広げると、広く固めに広がる状態（110〜112℃）

grand perlé [グラン・ペルレ] (*m.*)　スプーンなどで持ち上げたシロップの表面を吹くと、大きな泡ができる状態（113〜115℃）

petit boulé [プティ・ブーレ] (*m.*)　冷水の中でシロップを指で丸めるとやわらかいボール状になる状態（115〜117℃）

boulé [ブーレ] (*m.*)　冷水の中でシロップを指で丸めると簡単にボール状になる状態（118〜120℃）

gros boulé [グロ・ブーレ] (*m.*)　冷水の中でシロップを指で丸めると固めのボール状になる状態（121〜125℃）

petit cassé [プティ・カセ] (*m.*)　シロップを冷水に入れるとすぐに固まり、食べると歯にくっつく状態（135〜140℃）

grand cassé [グラン・カセ] (*m.*)　シロップを冷水に入れると固まり、パリパリに割れ、食べると歯にくっつかない状態（145〜150℃）

caramel clair [カラメル・クレール] (*m.*)　飴色になった状態（160℃）
　＝ caramel jaune [カラメル・ジョーヌ] (*m.*)

caramel brun [カラメル・ブラン] (*m.*)　さらに濃い茶色になった状態（180℃）
　＝ caramel foncé [カラメル・フォンセ]

レシピ内の文

Phrases dans la recette [フラーズ・ダン・ラ・ルセット]

レシピの中に出てくる代表的なフランス語の文章を、お菓子を作る過程を追って見てみましょう。同じ作業行程でよく使われる類語を一緒に表記しましたので、併せて覚えてみれば語彙数がどんどん増えますよ。

【 fabrication de pâte 】[ファブリカスィヨン・ドゥ・パート]　生地の製作

Tamiser la farine sur le plan de travail.
[タミゼ・ラ・ファリーヌ・スュル・ル・プラン・ドゥ・トラヴァイユ]
作業台に小麦粉をふるう。

tamiser [タミゼ]　ふるう、裏ごしする
tamis [タミ] (*m.*)　ふるい、裏ごし器
filtrer [フィルトレ]　濾す
passer [パセ]　ふるう、濾す
passer au chinois [パセ・オ・シノワ]　濾し器で濾す
chinoiser [シノワゼ]　濾し器で濾す
chinois [シノワ] (*m.*)　円錐の形をした濾し器
étaminer [エタミネ]　濾し布で濾す
étamine [エタミヌ] (*f.*)　濾し布

Faire une fontaine, y mettre l'œuf et le sucre.
[フェール・ユンヌ・フォンテーヌ、イ・メトル・ルフ・エ・ル・スュクル]
小麦粉の中央にくぼみを作り、そこに卵と砂糖を入れる。

faire une fontaine [フェール・ユンヌ・フォンテーヌ]　他の材料を入れるために、台の上に置いた小麦粉の真ん中にくぼみを作る
sabler [サブレ]　サブレ状の生地を作るため、粉と油脂を手ですり合わせて混ぜる
sablage [サブラージュ] (*m.*)　粉と油脂を手ですり合わせて混ぜること
crémer [クレメ]　やわらかくしたバターに砂糖を加え、クリーム状にする
crémage [クレマージュ] (*m.*)　クリーム状にすること
fraiser [フレゼ]　生地の材料を混ぜ合わせるために、手のひらで台に押し付けながら混ぜること
écraser avec la paume de la main [エクラゼ・アヴェック・ラ・ポーム・ドゥ・ラ・マン]　手のひらで押しつぶす

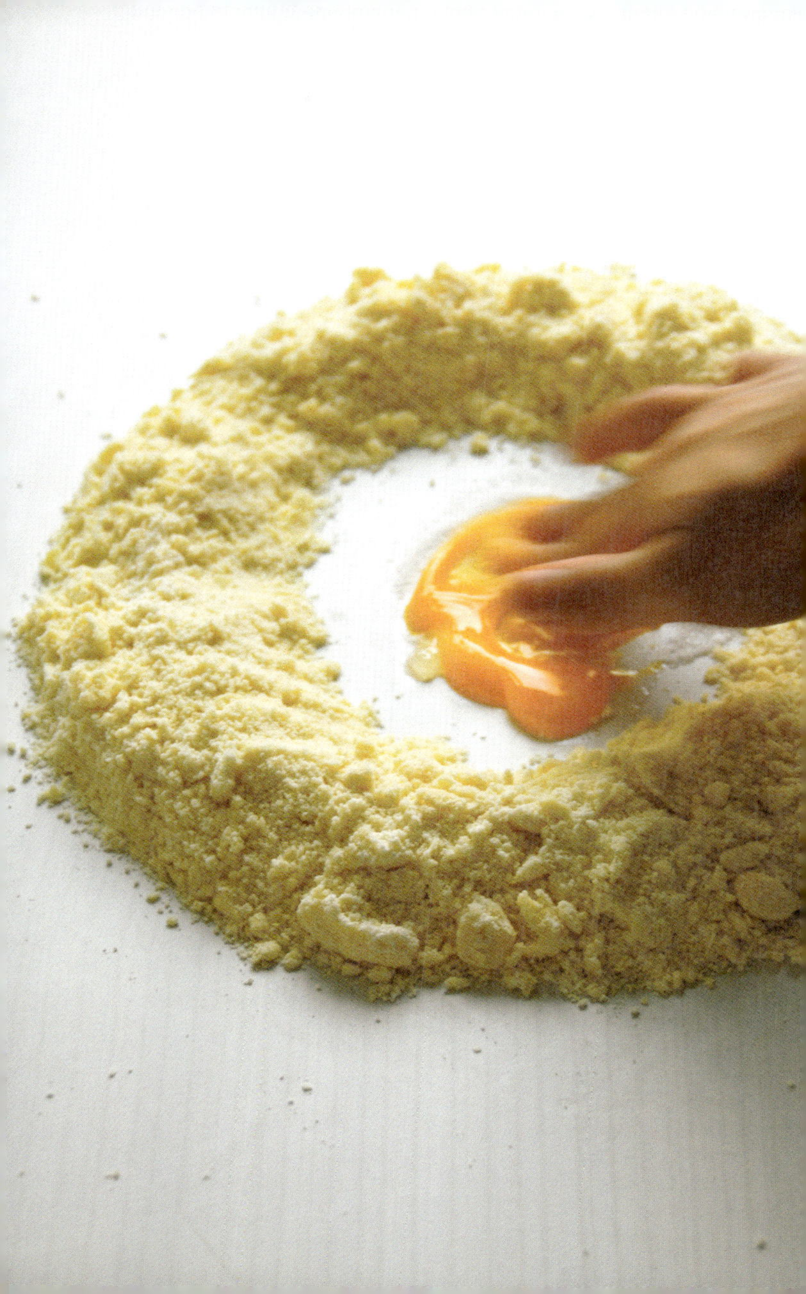

レシピ内の文

Travailler afin d'obtenir une pâte souple
［トラヴァイエ・アファン・ドブトニール・ユンヌ・パート・スープル］
やわらかい生地を得るためにこねる。

travailler［トラヴァイエ］　こねる、混ぜる
pétrir［ペトリール］　こねる
sans corps［サン・コール］　生地にコシを出さずに
bouler［ブーレ］　生地を丸める
former une boule［フォルメ・ユンヌ・ブール］　ボール状に丸める

Laisser reposer au frigo au moins 1h.
［レセ・ルポゼ・オ・フリゴ・オ・モワン・ユンヌール］
少なくとも1時間、冷蔵庫で寝かせる。

laisser reposer［レセ・ルポゼ］　寝かせる
au frigo［オ・フリゴ］　冷蔵庫で
à température ambiante［ア・タンペラテュール・アンビアント］　室温に
dans un endroit tempéré［ダンザン・ノンドロワ・タンペレ］　温かい場所に
mettre au frais［メトル・オ・フレ］　冷たい所に置く
mettre au chaud［メトル・オ・ショー］　温かい所に置く
pendant une demi-heure［パンダン・ユンヌ・ドゥミ・ウール］　30分間
filmer［フィルメ］　ラップをかける

Abaisser la pâte sur 2mm d'épaisseur.
［アベセ・ラ・パート・スュル・ドゥー・ミリメートル・デペスール］
2ミリの厚さに生地を伸ばす。

abaisser［アベセ］　伸ばす
étaler［エタレ］　広げる、伸ばす
rouler［ルレー］　転がす
rouleau à pâtisserie［ルーロー・ア・パティスリー］（*m.*）　めん棒
en rond［アン・ロン］　丸く
en carré［アン・カレ］　正方形に
en rectangle［アン・レクタングル］　長方形に
en triangle［アン・トリアングル］　三角形に
tourner［トゥルネ］　回す
tourage［トゥラージュ］（*m.*）　パイ生地用にバターをデトランプ生地に折り込んでいくこと

tour [トゥール] (*m.*)　パイ生地用の折り込み作業
faire 6 tours [フェール・スィス・トゥール]　6回折り込み作業を繰り返す
fariner [ファリネ]　小麦粉をかける、打ち粉をする
fleurer [フルーレ]　打ち粉をする

【 Fabrication d'appareil 】 [ファブリカスィヨン・ダパレイユ]
アパレイユの製作

Monter les blancs en neige avec le fouet.
[モンテ・レ・ブラン・アン・ネージュ・アヴェク・ル・フエ]
泡立て器で卵白を泡立てる。

monter [モンテ]　泡立てる
fouetter [フエテ]　泡立てる
fouet [フエ] (*m.*)　泡立て器
battre [バトル]　泡立てる、攪拌する
foisonner [フォワゾネ]　空気を入れて増量する
serrer [セレ]　泡立てた卵白に、最後に少し砂糖を加えてさらに固く泡立てる

Ajouter du sucre à la crème fouettée.
[アジュテ・デュ・スュクル・ア・ラ・クレム・フエテ]
泡立てた生クリームに砂糖を加える。

ajouter [アジュテ]　加える
verser [ヴェルセ]　注ぐ
incorporer [アンコルポレ]　混ぜ入れる
incorporer au reste de l'appareil [アンコルポレ・オ・レスト・ドゥ・ラパレイユ]　残りのアパ
　レイユに混ぜ入れる

Blanchir les jaunes d'œufs avec du sucre.
[ブランスィール・レ・ジョーヌ・ドゥー・アヴェク・デュ・スュクル]
卵黄を砂糖と一緒に白っぽくなるまで混ぜ合わせる。

blanchir [ブランスィール]　卵黄と砂糖を白っぽくなるまで混ぜ合わせる
clarifier [クラリフィエ]　卵黄と卵白に分ける
délayer [デレイエ]　粉を液体で溶く
macérer [マセレ]　漬ける

レシピ内の文

Mélanger au robot.
[メランジェ・オ・ロボ]
フードプロセッサーで混ぜ合わせる。

mélanger [メランジェ]　混ぜ合わせる
mixer [ミクセ]　ミキサーにかける
mixeur [ミクスール] (*m.*)　ミキサー
remuer [ルミュエ]　かき混ぜる
soulever [スールヴェ]　持ち上げる、下から持ち上げるように大きく混ぜる

作業の加減
加えたり、混ぜたりするためにいろいろな加減が明記されている場合があります。

petit à petit [プティタ・プティ]　少しずつ
en une fois [アン・ユンヌ・フォワ]　1度に
en deux temps [アン・ドゥー・タン]　2回に分けて
en pluie [アン・プリュイ]　雨のように
en morceaux [アン・モルソー]　小片の
en parcelles [アン・パルセル]　小片の
ajouter le beurre en parcelles [アジュテ・ル・ブール・アン・パルセル]　小片のバターを加える
une partie de ~ [ユンヌ・パルティ・ドゥ]　~の一部を
le reste de ~ [ル・レスト・ドゥ]　~の残りを
un filet de ~ [アン・フィレ・ドゥ]　少量の~
mettre un filet de citron [メトル・アン・フィレ・ドゥ・シトロン]　レモン果汁を少量加える
sans cesser [サン・セセ]　休みなく
sans fouetter [サン・フエテ]　泡立てずに
sans écraser [サン・エクラゼ]　つぶさずに
en coupant [アン・クーパン]　切りながら（泡をつぶさないように木べらで切るように）
doucement [ドゥースマン]　静かに、やさしく
rapidement [ラピッドマン]　すばやく
vivement [ヴィヴマン]　すばやく
régulièrement [レギュリエルマン]　均一に

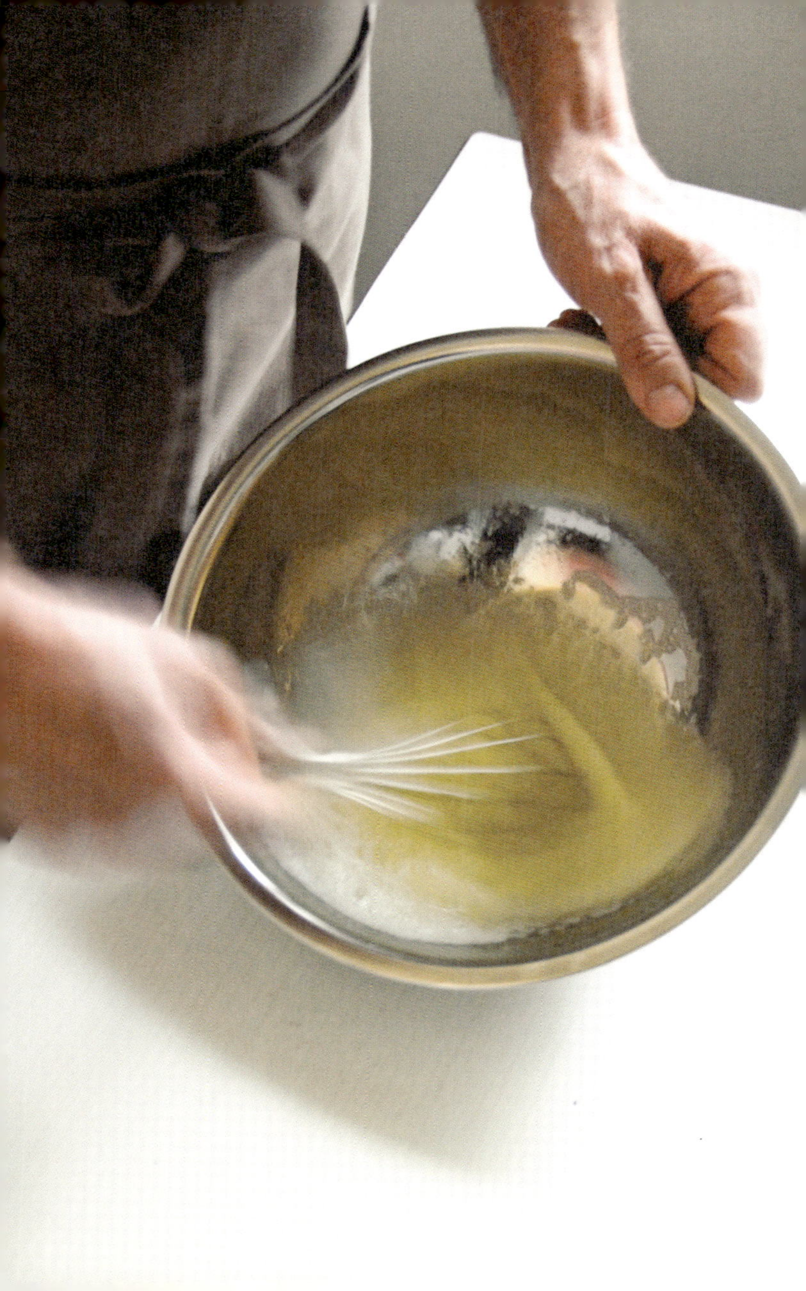

レシピ内の文

【 cuisson au feu 】[キュイソン・オ・フー]　コンロでの加熱調理

Faire chauffer du lait dans une casserole.
[フェール・ショフェ・デュ・レ・ダンズュンヌ・カスロール]
鍋の中で牛乳を温める。

faire chauffer [フェール・ショフェ]　温める、熱する
faire cuire [フェール・キュイール]　煮る、火を通す
porter à ébullition [ポルテ・ア・エビュリスィヨン]　沸騰させる
sans ébullition [サン・エビュリスィヨン]　沸騰させずに
à feu doux [ア・フー・ドゥー]　弱火で
à feu moyen [ア・フー・モワイヤン]　中火で
à feu vif [ア・フー・ヴィフ]　強火で
hors du feu [オール・デュ・フー]　コンロの外で、火から外して
infuser [アンフュゼ]　煎じる、浸す
dessécher [デセシェ]　シュー生地などを火にかけて混ぜながら、余分な水分を飛ばす
fondre [フォンドル]　溶かす
pocher [ポシェ]　ゆでる
écumer [エキュメ]　あくを取る
écumoire [エキュモワール] (*f.*)　あく取り用の穴あき杓子

Laisser refroidir l'appareil.
[レセ・ルフロワディール・ラパレイユ]
アパレイユを冷ましておく

laisser refroidir [レセ・ルフロワディール]　冷ましておく
refroidir [ルフロワディール]　冷ます、冷やす
refroidissement [ルフロワディスマン] (*m.*)　冷却
réchauffer [レショフェ]　温め直す
vanner [ヴァネ]　クリームの表面に膜ができないように混ぜて冷ます
vanner à la spatule [ヴァネ・ア・ラ・スパチュル]　木べらで混ぜて冷ます
détendre [デタンドル]　混ぜ合わせた材料に水分を加えてゆるめる

出来上がりの加減

火を通すために、出来上がりの状態を見極めるための目安が明記されている場合があります。

homogène [オモジェーヌ] 均一な、ムラのない
lisse [リス] なめらかな
mousseux/mousseuse [ムスー/ムスーズ] ムース状に、ふんわりした
brillant(e) [ブリヤン(ト)] 輝き、光沢のある
consistant(e) [コンシスタン(ト)] とろみのある
donner de la consistance [ドネ・ドゥ・ラ・コンシスタンス] とろみをつける
à la nappe [ア・ラ・ナップ] ナップ状に(とろみがつき、へらの上にソースがテーブルクロスのように薄くまとわりつく濃度で、上に指で線が書ける状態)
faire le ruban [フェール・ル・リュバン] リボン状になる(とろみがつき、へらなどで持ち上げるとリボン状になって落ちる状態)

【 préparation de la plaque 】[プレパラスィヨン・ドゥ・ラ・プラク]
天板の準備

Beurrer le moule.
[ブレ・ル・ムール]
型にバターを塗る。

beurrer [ブレ]　バターを塗る
chemiser [シュミゼ]　中身が取り出しやすいように型に紙、バター、小麦粉などを敷く
fariner [ファリネ]　小麦粉をかける、打ち粉をする
fleurer [フルーレ]　打ち粉をする

Foncer la pâte dans un moule à tarte.
[フォンセ・ラ・パート・ダンザン・ムール・ア・タルト]
タルト型に生地を敷き込む。

foncer [フォンセ]　型やセルクルに生地を敷き込む
pincer [パンセ]　型に敷き入れた生地の端を指やパイばさみでつまんで、飾り付けをする
pince à tarte [パンス・ア・タルト]　パイばさみ
piquer le fond à la fourchette [ピケ・ル・フォン・ア・ラ・フルシェット]　生地が膨らまないように、底をフォークで刺す
chiqueter [シクテ]　折りパイ生地の縁に切り込みを入れ、きれいに膨らむようにする
percer [ペルセ]　穴を開ける

Remplir l'appareil jusqu'aux 2/3 du moule.
[ランプリル・ラパレイュ・ジュスコー・ドゥー・ティエール・デュ・ムール]
型の2/3までアパレイユを入れる。

remplir [ランプリル]　満たす
mettre [メトル]　置く、入れる
verser [ヴェルセ]　注ぐ
mouler [ムレ]　型に入れる
moule [ムール] (m.)　型
moitié du moule [モワティエ・デュ・ムール]　型の半分
un tiers du moule [アン・ティエール・デュ・ムール]　型の1/3

Dresser la pâte sur la plaque.
[ドレセ・ラ・パート・スュル・ラ・プラク]
天板の上に生地を絞り出す。

dresser [ドレセ]　絞り出し袋から天板の上などに絞り出すこと
coucher [クーシェ]　絞り出し袋から天板の上などに絞り出すこと
couper [クーペ]　切る
découper [デクーペ]　切り分ける、切り抜く
découper à l'emporte-pièce [デクーペ・ア・ランポルト・ピエス]　抜き型で切り抜く
découpoir [デクポワール] (m.)　抜き型
placer [プラセ]　置く
disposer [ディスポゼ]　並べる
étaler [エタレ]　広げる
dorer [ドレ]　きれいな焼き色をつけるため、成形した生地の上に全卵または黄身を溶いて塗る
à l'aide de la pointe du couteau [ア・レド・ドゥ・ラ・ポワント・デュ・クトー]　ナイフの先端を使って

【 cuisson au four 】[キュイソン・オ・フール]　オーブンでの加熱調理

Enfourner à 180℃ pendant 30 mn environ.
[アンフルネ・ア・サン・カトル・ヴァン・ドゥグレ・パンダン・トラント・ミニュット・アンヴィロン]
約30分間180℃のオーブンに入れる

enfourner [アンフルネ]　オーブンに入れる
degré [ドゥグレ] (m.)　度 = ℃
préchauffer le four [プレショフェ・ル・フール]　オーブンを温める
mettre au four [メトル・オ・フール]　オーブンに入れる
cuire au four [キュイール・オ・フール]　オーブンで焼く
baisser la tempeérature à 170℃ [ベセ・ラ・タンペラテュール・ア・サン・ソワサント・ディス・ドゥグレ]　170℃に温度を下げる

レシピ内の文

Sortir du four quand les gâteaux sont bien dorés.
[ソルティール・デュ・フール・カン・レ・ガトー・ソン・ビヤン・ドレ]
お菓子が黄金色になったらオーブンから出す。

sortir du four [ソルティール・デュ・フール]　オーブンから出す
retirer du four [ルティレ・デュ・フール]　オーブンから取り出す
gonfler [ゴンフレ]　膨れ上がる
colorer [コロレ]　色をつける
dorer [ドレ]　黄金色になる
caraméliser [カラメリゼ]　キャラメル化する
caramélisation [カラメリザスィヨン] (f.)　キャラメル化
piquer avec la pointe du couteau [ピケ・アヴェック・ラ・ポワント・デュ・クートー]　中まで焼けたかどうか確認するために、生地の真ん中にナイフの先を刺す（ナイフを抜いて何もついていなければOK）
retourner [ルトゥルネ]　ひっくり返す
démouler [デムレ]　型から出す
démouler sur la grille [デムレ・スュル・ラ・グリユ]　型から網の上に出す
décoller [デコレ]　剥がす

【 montage de gâteau 】[モンタージュ・ドゥ・ガトー]　ケーキの組み立て

Découper la génoise en 3 disques de la même épaisseur.
[デクーペ・ラ・ジェノワーズ・アン・トロワ・ディスク・ドゥ・ラ・メム・エペスール]
スポンジ生地を同じ厚さの3つの円盤状に切り分ける。

découper [デクーペ]　切り分ける
couper [クーペ]　切る
tailler [タイエ]　切り揃える
en deux [アン・ドゥー]　半分に
en trois [アン・トロワ]　3等分に
en quatre [アン・カトル]　4等分に
puncher [ポンシェ]　生地にシロップを染み込ませる
garnir [ガルニール]　入れる、詰める、つける
répartir [レパルティール]　分ける、配分する

Masquer le gâteau avec une fine couche de crème.
[マスケ・ル・ガトー・アヴェキュンヌ・フィヌ・クーシュ・ドゥ・クレム]
クリームの薄い層でケーキを覆う。

masquer [マスケ]　クリームなどを覆うように塗りつける
recouvrir [ルクヴリール]　覆い隠す
couche [クーシュ] (*f.*)　層
tremper [トランペ]　浸す
tremper les biscuits dans un sirop [トランペ・レ・ビスキュイ・ダンザン・スィロ]　シロップの中にビスキュイを浸す
décorer [デコレ]　飾る
décoration [デコラスィヨン] (*f.*)　装飾
marbrer [マルブレ]　大理石の模様をつける
marbrage [マルブラージュ] (*m.*)　大理石模様をつけること
glacer [グラセ]　アイシングをかける
glaçage [グラサージュ] (*m.*)　アイシングをかけること
napper [ナペ]　ナパージュをかける
nappage [ナパージュ] (*m.*)　お菓子の仕上がりにつやをつけるためなどに塗るソース
saupoudrer [ソプドレ]　まぶす
saupoudrage [ソプドラージュ] (*m.*)　まぶすこと

【 Dégustation de gâteau. 】[デギュスタスィヨン・ドゥ・ガトー]　お菓子の試食

Servir frais.
[セルヴィル・フレ]
冷やして出す。

servir [セルヴィル]　出す
servir chaud [セルヴィル・ショー]　熱い状態で出す
servir froid [セルヴィル・フロワ]　冷たい状態で出す
servir avec la crème chantilly [セルヴィル・アヴェック・ラ・クレム・シャンティイ]　ホイップクリームをつけて出す
passer le gâteau au froid avant de servir [パセ・ル・ガトー・オ・フロワ・アヴァン・ドゥ・セルヴィル]　出す前にお菓子を冷たい状態にする
garder au frais 24 heures avand de consommer [ガルデ・オ・フレ・ヴァン・カトルール・アヴァン・ドゥ・コンソメ]　食べる前の24時間、冷所におく
déguster [デギュステ]　試食する、味わう
dégustation [デギュスタスィヨン] (*f.*)　試食

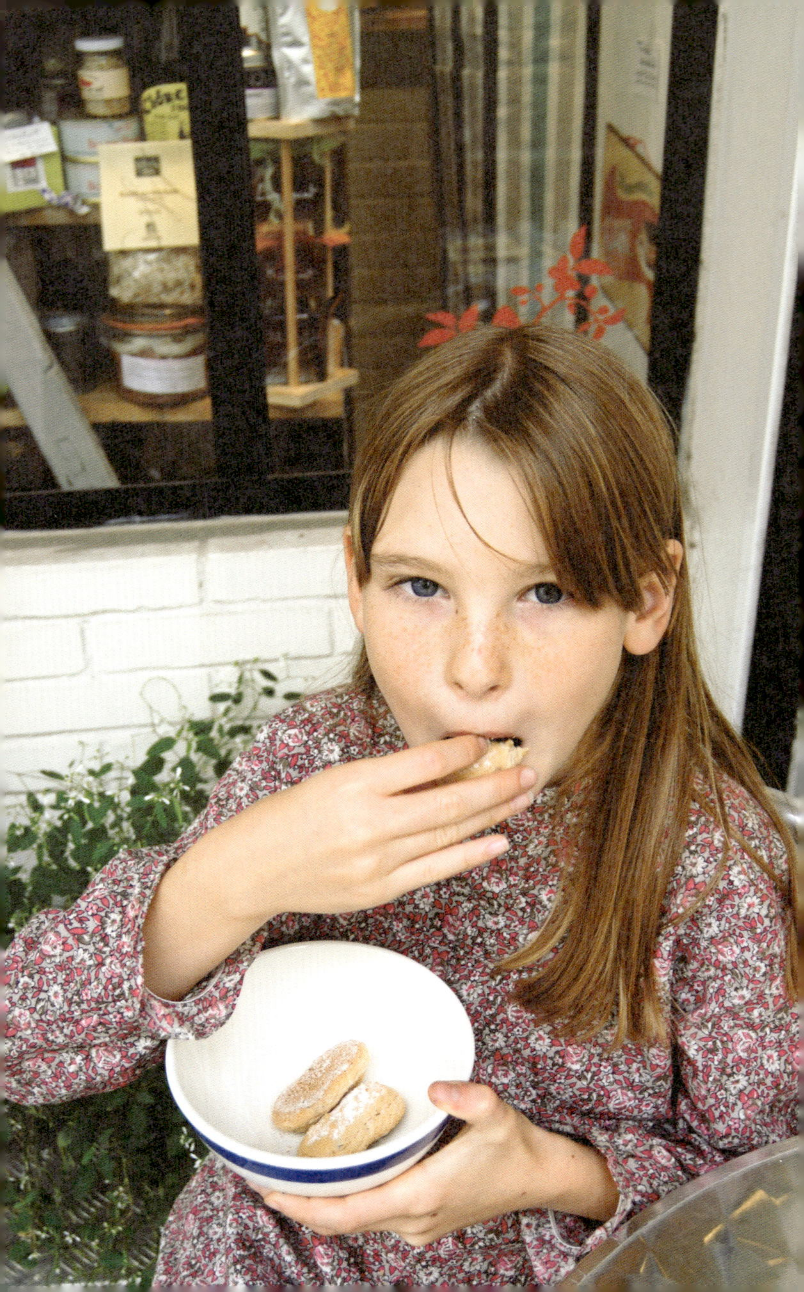

Partie 2
実践のお菓子レシピ

なんとな～く製菓用語が分かってきたら、
実際にフランス語のレシピを読んで見ましょう。
レシピ上ではだいたい同じような単語の繰り返しなので、
いろんなレシピを読んでいけば、自然とフランス語も覚えていけます。
デザインも写真も美しいフランス語の料理本を買って、
載っているお菓子が作れるようになればこんなにうれしいことはありません！

Recette 1
Mousse au chocolat

Ingrédients pour 6 à 8 personnes
Préparation 20 minutes

250g de chocolat noir
50g de beurre doux
50g de sucre
6 blancs d'œufs
4 jaunes d'œufs

cigarettes russes (facultatif)

1) Mettre le chocolat et le beurre en parcelles dans un récipient et faire fondre au bain-marie.

2) Monter les blancs d'œufs en neige avec le fouet ou le batteur. Quand les blancs commencent à être en neige, ajouter un peu de sucre. En fouettant, ajouter un tiers du reste de sucre en pluie et répéter encore deux fois. Bien serrer.

3) Incorporer les jaunes d'œufs dans le chocolat fondu et mélanger immédiatement. Il doit être lisse et brillant.

4) Ajouter une partie des blancs en neige dans le chocolat. Incorporer délicatement à la spatule en coupant sans casser les bulles.

5) Verser ce mélange dans le reste des blancs en neige. Continuer à incorporer en douceur pour obtenir une mousse lisse bien mélangée.

6) Dresser en verres ou en coupes. Servir frais avec des cigarettes russes.

- jaunes d'œufs
- blancs d'œufs
- beurre doux
- sucre
- chocolat noir

実践のお菓子レシピ

Recette 1
Mousse au chocolat

Ingrédients pour 6 à 8 personnes
Préparation 20 minutes

250g de chocolat noir
50g de beurre doux
50g de sucre
6 blancs d'œufs
4 jaunes d'œufs

cigarettes russes (facultatif)

1) Mettre le chocolat et le beurre en parcelles dans un récipient et faire fondre au bain-marie.

2) Monter les blancs d'œufs en neige avec le fouet ou le batteur. Quand les blancs commencent à être en neige, ajouter un peu de sucre. En fouettant, ajouter un tiers du reste de sucre en pluie et répéter encore deux fois. Bien serrer.

3) Incorporer les jaunes d'œufs dans le chocolat fondu et mélanger immédiatement. Il doit être lisse et brillant.

4) Ajouter une partie des blancs en neige dans le chocolat. Incorporer délicatement à la spatule en coupant sans casser les bulles.

5) Verser ce mélange dans le reste des blancs en neige. Continuer à incorporer en douceur pour obtenir une mousse lisse bien mélangée.

6) Dresser en verres ou en coupes. Servir frais avec des cigarettes russes.

> Recette 1 を
> 読解しよう！

1 お菓子名

2 〜人用の材料。"pour 〜"で「〜用」となる。"A à B"で「A 〜 B」ということ。お菓子はケーキ型の大きさが表記されている場合も多く、pour un moule à tarte de 26cm de diamètre（直径26センチのタルト型用）などとも。

3 準備時間。"Cuisson"と書いてあれば、「加熱時間」のこと。分は"minute"、時間は"heure"。

4 材料と分量。多くはグラム表記で、"〜 g + de + 材料名"の形をとる。

5 数えられる卵やフルーツなどは個数表記が多く、名詞の後ろに複数のsがつく。

6 作り方内の動詞は原形で示される。たまに主語をvousとし、Mettez（入れてください）と言ったニュアンスで書かれることも。

7 材料表記で出てきた分量をそのまま使う場合は、定冠詞の"le"で示される。したがってこの場合は"250gのブラックチョコレート"を指しているということ。続くバターも同様。個数で示された複数形の卵は、定冠詞も複数の"les"になる。

8 "en 〜"は状態を表し、材料と分量の部分でも表記されている場合もある。en neige (雪状に)、en pluie (雨状に) など。

9 先行する動詞がMettre (入れる)、Ajouter (加える) などの場合は、入れたり加えたりする材料名 (直接目的語) の後に、"dans 〜 (〜の中に)"と入れる側の容器や材料名が明記される。

10 "à 〜 (〜で)"は道具などの手段を表し、後に続くのが男性名詞ならばà + le で"au 〜"、女性名詞ならば"à la"となる。au bain-marie (湯せんで)、à la spatule (へらで) など。

11 "avec 〜 (〜を使って)"も道具などの手段を表す。

12 "Quand 〜"は「〜したら」と言う意味で、アパレイユの状態、焼き上がりの状態などの目安を表す。

13 2回目以降に出てくる材料についた定冠詞は「その」という意味。les blancs (その卵白)、le chocolat (そのチョコレート)。

14 "commencer à + 不定詞"の形で「〜し始める」。

15 "un peu de + 無冠詞名詞"で「〜を少し」という意味。

16 この場合のenは"en + 現在分詞"の形で「〜しながら」ということ。en fouettant (泡立てながら)、en coupant (切りながら) など。

17 "le reste de 〜"は「〜の残り」。この場合は砂糖や卵白を最初に少々加えているため、その残りの分量ということ。

18 名詞の後に動詞の過去分詞形である形容詞がつくことにより、すでに行ったことによって状態が変わった材料を表すことができる。この場合は1)の段階でチョコレートを溶かし (fondre)、その溶けた (fondu) チョコレートに加えるということ。

19 混ぜ合わせ方に微妙な加減が必要な場合は、動詞の後の副詞で明記できる。Immédiatement (すばやく)、délicatement (やさしく)。

20 アパレイユや生地の出来上がりの状態を明確にするために、"Il dois + 不定詞"で「〜すべきである」という言い方で表現されることが多い。または"pour obtenir 〜"「〜の状態を得るために」とも。

21 "une partie de 〜"は「〜の一部」。この場合は複数形の卵の一部を指すため、de + les blancs d'œufsで"une partie des blancs"になる。その残りは"le reste des blancs"で17と同様。

22 "sans + 不定詞"で「〜せずに」という意味。

23 "ce mélange (この混合物)"とはこの場合、チョコレートと卵白を混ぜ合わせたもののこと。

24 この場合の"en"は「〜に」と場所や方向を意味するもの。後ろは無冠詞名詞が続く。

25 この場合の"avec 〜"は「〜と一緒に」という意味で、つけ合わせなどを明記できる。

実践のお菓子レシピ

レシピ1
チョコレートムース

材料　6〜8人分
準備　20分

ブラックチョコレート　250g
無塩バター　50g
砂糖　50g
卵白　6個分
卵黄　4個分

シガレットクッキー（任意）

1）細かくしたチョコレートとバターをボウルに入れ、湯せんで溶かす。
2）卵白を泡立て器またはハンドミキサーで泡立てる。卵白が泡立ってきたら砂糖を少し加える。泡立てながら残りの砂糖の1/3量を雨のように振り入れ、さらに2回繰り返す。しっかり泡立てる。
3）溶かしたチョコレートに卵黄を加え、すばやく混ぜ合わせる。なめらかで、輝く状態になるように。
4）泡立てた卵白の一部をチョコレートに加える。泡をつぶさずにへらで切るようにやさしく混ぜ合わせる。
5）その混合物を残りの泡立てた卵白へ入れる。よく混ぜ合わさったなめらかなムースに仕立てるため、やさしく混ぜ続ける。
6）グラスや足つきのガラスの器に盛り付ける。冷たくしてシガレットクッキーとともに出す。

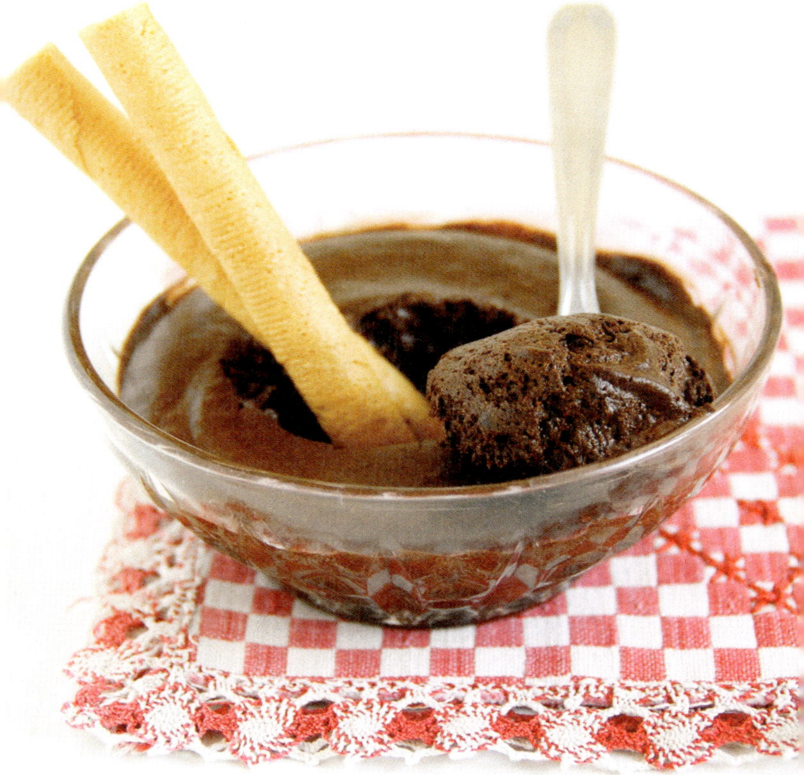

Recette 2
Tarte aux pommes

Ingrédients pour 6 à 8 personnes
Préparation 30 minutes
Cuisson 30 minutes

4 pommes

〈 Pâte brisée sucrée 〉
250g de farine
125g de beurre
30g de sucre
une pincée de sel
1 œuf

〈 Crème d'amande 〉
60g de beurre
60g de sucre
60g de poudre d'amande
1 œuf

beurre, rhum, nappage (facultatif)

1) Préparer la pâte brisée: Tamiser la farine sur le plan de travail et mettre le beurre en morceaux dessus. Au début sabler du bout des doigts après entre les mains jusqu'à obtenir un mélange sableux.

2) Faire une fontaine. Mettre le sucre, le sel et l'œuf au milieu et mélanger du bout des doigts au centre de la fontaine. Mélanger petit à petit avec la farine.

3) Fraiser la pâte afin de bien incorporer tous les ingrédients. Quand on obtient une pâte assez souple, former une boule et filmer. Laisser-la reposer au frigo plus de 20mn.

4) Préparer la crème d'amande: Mettre le beurre dans un récipient et le faire en pommade avec le fouet. Ajouter un tiers du mélange, le sucre et la poudre d'amande, puis mélanger avec le fouet. Rajouter un tiers du mélange et mélanger. Répéter encore une fois. Ajouter l'œuf battu et bien mélanger le tout. Parfumer la crème au rhum selon votre goût.

5) Fariner le plan de travail et abaisser régulièrement la pâte au rouleau. Disposer la pâte sur un moule à tarte (beurrer si nécessaire). Foncer le moule en appliquant bien la pâte à l'intérieur. Pincer les bords avec les doigts ou à la pince pour décorer. Piquer le fond à la fourchette.

6) Préchauffer le four à 180℃.

7) Garnir tout le fond de pâte avec la crème d'amande.

8) Couper les pommes en quartier, les éplucher et les évider. Les émincer finement et les ranger sur la crème d'amande.

9) Enfourner la tarte pendant 30 mn environ. Quand les pommes sont dorées, sortir du four et laisser refroidir sur la grille. Napper pour donner le brillant.

pommes

farine

poudre d'amande

sucre

sucre
+
une pincée de sel

œuf

beurre

beurre

œuf

< Pâte brisée sucrée >   < Crème d'amande >

実践のお菓子レシピ

Recette 2 を読解しよう！

Recette 2
Tarte aux pommes

Ingrédients pour 6 à 8 personnes
Préparation 30 minutes
Cuisson 30 minutes

4 pommes

< Pâte brisée sucrée >
250g de farine
125g de beurre
30g de sucre
une pincée de sel
1 œuf

< Crème d'amande >
60g de beurre
60g de sucre
60g de poudre d'amande
1 œuf

beurre, rhum, nappage (facultatif)

1) Préparer la pâte brisée: Tamiser la farine sur le plan de travail et mettre le beurre en morceaux dessus. Au début sabler du bout des doigts après entre les mains jusqu'à obtenir un mélange sableux.

2) Faire une fontaine. Mettre le sucre, le sel et l'œuf au milieu et mélanger du bout des doigts au centre de la fontaine. Mélanger petit à petit avec la farine.

3) Fraiser la pâte afin de bien incorporer tous les ingrédients. Quand on obtient une pâte assez souple, former une boule et filmer. Laisser-la reposer au frigo plus de 20mn.

4) Préparer la crème d'amande: Mettre le beurre dans un récipient et le faire en pommade avec le fouet. Ajouter un tiers du mélange, le sucre et la poudre d'amande, puis mélanger avec le fouet. Rajouter un tiers du mélange et mélanger. Répéter encore une fois. Ajouter l'œuf battu et bien mélanger le tout. Parfumer la crème au rhum selon votre goût.

5) Fariner le plan de travail et abaisser régulièrement la pâte au rouleau. Disposer la pâte sur un moule à tarte (beurrer si nécessaire). Foncer le moule en appliquant bien la pâte à l'intérieur. Pincer les bords avec les doigts ou à la pince pour décorer. Piquer le fond à la fourchette.

6) Préchauffer le four à 180℃.

7) Garnir tout le fond de pâte avec la crème d'amande.

8) Couper les pommes en quartier, les éplucher et les évider. Les émincer finement et les ranger sur la crème d'amande.

9) Enfourner la tarte pendant 30 mn environ. Quand les pommes sont dorées, sortir du four et laisser refroidir sur la grille. Napper pour donner le brillant.

1. 生地やアパレイユ用の材料が分けて書いてある場合がある。

2. "une pincée de 〜" は「ひとつまみの〜」という意味。「ひとつかみの〜」ならば "une poignée de 〜"。

3. "facultatif" は「任意の」ということで、好みによって加える材料。

4. 生地やアパレイユごとに作り方が分けて書かれている場合は、"Préparer 〜（〜を準備する）" といった始まり方。

5. "sur 〜" は「〜の上に」で、作業台や網、生地やアパレイユなどいろんなものの上にのせる時に使う。

6. 出来上がりの状態を示すために、"jusqu'à ＋不定詞（〜するまで）" と明記される。

7. "au milieu" は「真ん中に」という意味で、"au milieu de 〜" で「〜の真ん中に」とも書くことができる。"au centre de 〜" も同様。

8. "afin de ＋不定詞" は「〜するために」で作業の意味合いを言及し、"pour ＋不定詞" と同じように使われる。

9. 形容詞 "tout" の複数形 "tous" はこの場合、les ingrédients にかかり、「すべての（生地の）材料」という意味に。

10. この場合の直接目的語 "la" は "la pâte" のことで、動詞の後ろ、命令形と同じ位置に入る。

11. "plus de 〜" は「〜以上」で、反対なら "moins de 〜" の「〜以下」。

12. "un tiers de 〜" は「〜の3分の1」。「3分の2」は "deux tiers"、「4分の1」は "un quart"、「4分の3」は "trois quarts"、「半分」は "une moitié"。

13. この場合の "mélange（混合物）" は、砂糖とアーモンドパウダーを混ぜ合わせたもののこと。

14. "encore une fois" は「さらに1回」ということで、合計3回に分けて加えるということ。

15. 名詞 "le tout" はこの場合、「（材料の）全体」という意味で使われている。

16. "selon 〜" は「〜に応じて」。

17. "si nécessaire" も「必要ならば」で、任意の材料などについて付け加える言い方。

18. "A ou B" で「AまたはB」。

19. オーブンを温めておく指示は、レシピの最初に入ることも多い。

20. 形容詞 "tout" はこの場合、le fond にかかり、「底全体」という意味になる。

21. 副詞の "environ（約）" は数量の前につくのが一般的だけれど、この場合は前置詞の "pendant（〜の間）" が前にあるため、数量の後ろに来る。

実践のお菓子レシピ

レシピ2
りんごのタルト

材料　6〜8人分
準備　30分
加熱　30分

りんご　4個

〈甘いブリゼ生地〉
小麦粉　250g
バター　125g
砂糖　30g
塩　ひとつまみ
卵　1個

〈アーモンドクリーム〉
バター　60g
砂糖　60g
アーモンドパウダー　60g
卵　1個

バター、ラム酒、ナパージュ（任意）

1）ブリゼ生地を作る：作業台に小麦粉をふるい、細かくしたバターを上にのせる。初めは指先で、後に手の間で、砂状になるまですり合わせる。

2）くぼみを作る。真ん中に砂糖、塩、卵を入れ、くぼみの真ん中で指先で混ぜ合わせる。少しずつ小麦粉と混ぜ合わせてゆく。

3）すべての材料がしっかり混ぜ合わさるように手のひらで生地を台に押し付ける。十分にやわらかい生地が出来上がったら、丸くまとめてラップで包む。20分以上冷蔵庫で休ませる。

4）アーモンドクリームを作る：ボウルにバターを入れて、泡立て器でポマード状にする。砂糖とアーモンドパウダーを混ぜ合わせたものの1/3量を加え、泡立て器で混ぜ合わせる。再度1/3量を加えて混ぜ、もう一度繰り返す。ほぐした卵を加え、全体をよく混ぜ合わせる。好みでクリームにラム酒で風味付ける。

5）作業台に打ち粉をし、生地を均一にめん棒で伸ばす。タルト型（必要ならばバターを塗る）の上に生地をのせる。内側にしっかりと生地を貼り付けながら、型に生地を敷き詰める。指またはパイばさみで縁をつまんで装飾する。ウォークで生地の底に穴を開ける。

6）オーブンを180℃に熱する。

7）生地の底全体にアーモンドクリームを敷く。

8）りんごを4等分して皮をむき、芯を取る。薄くスライスし、アーモンドクリームの上に並べる。

9）約30分間、タルトをオーブンに入れる。りんごに焼き色がついたら、オーブンから取り出して網の上で冷ます。輝きを与えるため、ナパージュを塗る。

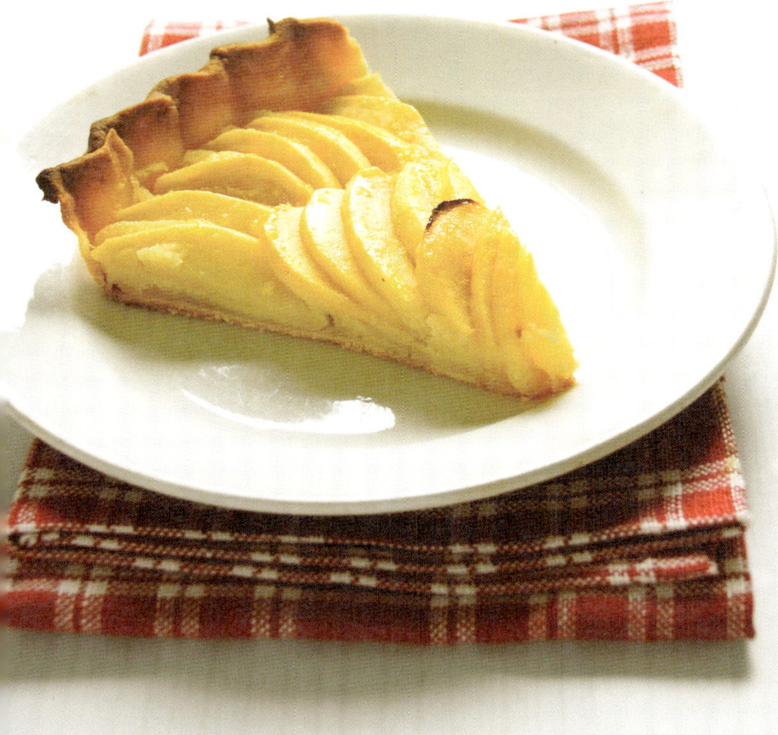

INDEX

A

abricot アプリコット	085 098
abricot sec ドライアプリコット	097
agneau pascal 復活祭の子羊	052
agrumes 柑橘類	098
alcool アルコール	099
amande アーモンド	097
ananas パイナップル	085
angélique アンジェリカ	072
angélique de Niort ニオールのアンジェリカ	075
anis de Flavigny フラヴィニーのボンボン	076
anis étoilé スターアニス	099
anisbredele アニス風味のビスキュイ	086
appareil 材料を混ぜ合わせたもの	100
armagnac アルマニャック	099
assemblage 組み立て	065

B

baba ババ	037
baba au rhum ババ・オ・ラム	037
bain-marie 湯せん、湯せん器	065 092
balance de cuisine はかり	090
ballotin 紙製の箱	018
banane バナナ	085 098
barre チョコレートバー	062
base 土台	100
bâton de cannelle シナモンスティック	099
batteur ハンドミキサー	090
beignet ベニエ	050
beraweka フルーツの砂糖漬けのケーキ	052
bergamote ベルガモット	098
bergamote de Nancy ナンシーのベルガモットのボンボン	075
berlingot de Carpentras カルパントラのボンボン	077
berlingot Nantais ナントのボンボン	075
bêtise de Cambrai カンブレのボンボン	075
beurre バター	096 124
beurre de cacao カカオバター	064
beurre demi-sel 0.5〜3％の塩分を含むバター	096
beurre doux 無塩バター	096 118
beurre en pommade ポマード状のバター	096
beurre fondu 溶かしバター	096
beurre mou やわらかくしたバター	096
beurre salé 3％以上の塩分を含むバター	096
bicarbonate de soude 重曹	094
biologique オーガニックの	064
biscuit à la cuillère フィンガービスケット	037 100
biscuit de Savoie スポンジ生地	100
biscuit joconde スポンジ生地	040 100
biscuit rose ランスのビスキュイ	086
blanc d'œuf 卵白	094 118
blanc-manger ブラン・マンジェ	040
blender ブレンダー	090
boîte à pâtisserie ケーキ用箱	018
boîte en bois 木製の箱	018
boîte en métal 缶	018
boîte en plastique プラスティック製の箱	018
bonbon キャンディー	072
bonbon de chocolat ボンボン・ショコラ	060
bouchée 大きめのボンボン・ショコラ	060
boulangerie-pâtisserie パン屋兼お菓子屋	002
boulé シロップがボール状になる状態	103
broche à tremper 柄の長い串	065
bûche de Noël ブッシュ・ドゥ・ノエル	052

C

cacao カカオ	064
cacao en poudre 粉末のカカオ	064
cacaoyer カカオの木	064
cachou Lajaunie トゥールーズのボンボン	077
café コーヒー	034 040 084
caissette 小さな型	093
caissette en aluminium アルミカップ	093
caissette en papier 紙カップ	093
cake パウンドケーキ	048
calisson カリソン	052 072
calisson d'Aix エクサン・プロヴァンスのカリソン	077
calotte 円錐台形のボウル	092
calvados カルヴァドス	099
canelé (cannelé) カヌレ	045
canneleur 溝をつけるピーラー	090
cannelle シナモン	099
caramel キャラメル	035 072 084
caramel au beurre salé 塩バターキャラメル	072
caramel au sel de Guérande ゲランドの塩キャラメル	072
caramel brun シロップが濃い茶色になった状態	103
caramel clair シロップが飴色になった状態	103
caramel dur 硬いキャラメル	072
caramel foncé シロップが濃い茶色になった状態	103
caramel jaune シロップが飴色になった状態	103
caramel mou やわらかいキャラメル	072
caramélisation キャラメル化	114

cardamome　カルダモン	099
carré　正方形のチョコレート	062
casserole　片手鍋	092
cassis　カシス	085 098
cassonade　サトウキビの赤砂糖	096
cercle　セルクル	093
cerise　さくらんぼ	085 098
chalumeau　ガスバーナー	093
champagne　シャンパン	099
Chandeleur　聖母マリアの清めの祝日	050
charitois	
ラ・シャリテ・スュル・ロワールのボンボン	
	076
charlotte　シャルロット	037
chartreuse　シャルトルーズ	099
chinois　円錐の形をした濾し器	090 104
chocolat　チョコレート	034 040 041 060
chocolat amer　ビターチョコレート	084
chocolat au lait	
ミルクチョコレート	060 084
chocolat blanc	
ホワイトチョコレート	060 084
chocolat de couverture	
クーベルテュール	060
chocolat en poudre	
粉末のチョコレート	062
chocolat noir	
ブラックチョコレート	060 084 118
chocolaterie　チョコレート屋さん	002 054
chocolatier/chocolatière	
チョコレート職人	056
chou à la crème　シュークリーム	034
chouquette　シューケット	034
ciseaux　はさみ	092
citron　レモン	042 085 098
citron vert　ライム	085 098
clafoutis　クラフティ	044
coffret　化粧箱	018
cognac　コニャック	099
cointreau　コアントロー	099
colorant alimentaire　食用色素	094
confiserie　砂糖菓子屋さん、砂糖菓子	
	002 003 066 072
confiseur/confiseuse　砂糖菓子職人	068
confiture　ジャム	072
congélateur　冷凍庫	090
copeau de chocolat	
削ったチョコレート	062
coquelicot de Nemours	
ヌムールのボンボン	075
corne　スケッパー	092
cornet　円錐形の容器	019
cornet en papier　紙で作ったコルネ	093
cotignac d'Orléans　オルレアンのゼリー	076
couche　層	115

coupelle à crème brûlée	
クレム・ブリュレ用耐熱器	093
coupe-pâte　生地用カッター	092
couteau　包丁	090
couteau d'office　ペティナイフ	090
crémage　クリーム状にすること	104
crème　クリーム	097 102
crème anglaise　クレーム・アングレーズ	102
crème au beurre　バタークリーム	
	035 040 102
crème bavaroise　ババロアクリーム	037 102
crème brûlée　クレーム・ブリュレ	038
crème caramel　カスタードプリン	038
crème catalane	
スペインのカスタードプリン	038
crème chantilly　ホイップクリーム	
	034 035 036 037 039 041 102
crème chiboust　シブストクリーム	035 102
crème d'amande　アーモンドクリーム	
	102 124
crème de cassis　カシスのリキュール	099
crème de marrons　マロンクリーム	036
crème double　濃厚なクリーム	097
crème épaisse　クリーム状の生クリーム	097
crème fleurette　液体状の生クリーム	097
crème fouettée　泡立てた生クリーム	102
crème fraîche　生クリーム	097
crème frangipane　フランジパーヌ	102
crème mousseline　ムスリンクリーム	
	036 102
crème pâtissière　カスタードクリーム	
	034 035 039 045 102
crème renversée　カスタードプリン	038
crème sous pression	
スプレー缶のホイップクリーム	097
créole　パイナップル、ラム酒入りアイス	084
crêpe　クレープ	050
crêpe dentelle　パリパリのクレープ	086
Criollo　クリオロ種	064
cru　高品質のカカオ	064
cuisine　調理場	090
cuisson du sucre　砂糖の加熱	103
cul-de-poule　底が丸いボウル	092
cuve　フードプロセッサーの容器	090

D

décoration　装飾	115
découpoir　抜き型	093 113
découpoir cannelé　ぎざぎざの抜き型	093
découpoir lisse　丸形の抜き型	093
découpoir rond　丸形の抜き型	093
degré　度	113
dégustation　試食	115
démoulage　型から出すこと	065
dessert　デザート	003

131

INDEX

détrempe 小麦粉と水を混ぜた生地	100
douceurs 甘いもの	003
douille 口金	092
douille cannelée ギザギザの口金	092
douille ronde 丸形の口金	092
douille unie 丸形の口金	092
dragée ドラジェ	072

E

éclair エクレア	034
économe 皮むき器	090
écumoire あく取り用の穴あき杓子	092 110
emporte-pièce 抜き型	093
enrobage コーティング	065
entonnoir à piston 漏斗	093
épice スパイス	099
Epiphanie 公現祭	050
essence de vanille バニラエッセンス	099
étamine 濾し布	090 104
étoile à la cannelle シナモン風味のお菓子	086

F

far ファール	044
far breton ファール・ブルトン	044
farine 小麦粉、粉	094 124
farine de blé 小麦粉	094
farine de châtaigne 栗の粉	094
farine de froment 上質小麦粉	094
farine de maïs とうもろこしの粉	094
farine de sarrasin そば粉	094
farine T55 パンに使われる小麦粉	094
farine T45 混じりけの少ない小麦粉	094
fécule かたくり粉	094
feu コンロ、火	090 094
feuille de gélatine 板ゼラチン	094
feuille de menthe ミントの葉	099
fève ソラマメ、陶器のオブジェ	050
fève de cacao カカオ豆	064
figue イチジク	085 098
film ラップ	093
financier フィナンシェ	047
flan フラン	038
fleur de farine 上質の小麦粉	094
florentin フロランタン	062
fondant アイシング	103
fondant au chocolat フォンダン・オ・ショコラ	041
Forastero フォラステロ種	064
forestine de Bourges ブルジュのボンボン	076
forêt-noire フォレ・ノワール	041
fouet 泡立て器	090 107
fougasse フガス	052
four オーブン	090 113 114
fourrage 詰め物	065
fraise いちご	085 098
framboise ラズベリー	085 098
friandises 甘いもの	003
frigo 冷蔵庫	090
fromage blanc フレッシュチーズ	097
fromage frais フレッシュチーズ	097
fruit フルーツ	098
fruit confit フルーツの砂糖漬け	072
fruit confit d'Apt アプトのフルーツコンフィ	077
fruit déguisé マジパンのお菓子	072
fruit de la passion パッションフルーツ	085 098
fruit sec ナッツ、ドライフルーツ	097

G

galette バタークッキー	086
galette des rois ガレット・デ・ロワ	050
ganache ガナッシュ	040 041 060
gant de cuisine オーブンミトン	093
gâteau ケーキ	003
gâteau à la peau de lait ミルク風味のビスキュイ	087
gâteau au chocolat チョコレートケーキ	041
gâteau basque ガトー・バスク	045
gâteau des rois ガトー・デ・ロワ	050
gaufre ワッフル	087
gaufre flamande ゴーフル	087
gaufre liégeoise ワッフル	087
génoise ジェノワーズ生地	037 100
gianduja ナッツ入りチョコレート	060
gingembre ジンジャー	084 099
glaçage アイシングをかけること	115
glace アイスクリーム	080 084
glace royale アイシング	103
glacerie アイスクリーム屋さん	002 078
glacier アイスクリーム店の人	080
glucose 水あめ	096
gourmand/gourmande 食いしん坊	003
gourmandises 甘いもの	003
gousse de vanille バニラビーンズ	099
gousse de vanille fendue 裂いたバニラビーンズ	099
goûter おやつ	003
graine de pavot ケシの実	097
grand cassé シロップを食べても歯にくっつかない状態	103
grand cru 最高級のカカオ	064
grand filet シロップが太めの糸状になる状態	103
grand-marnier グラン・マルニエ酒	084 099
grand perlé シロップの表面に大きな泡ができる状態	103

grille à pâtisserie　ケーキクーラー	090
griotte　グリオット	041 085 098
gros boulé	
シロップが固めのボール状になる状態	103
groseille　スグリ	085 098
guimauve　マシュマロ	072

J

jaune d'œuf　卵黄	094 118

K

kirsch　キルシュ	041 099
kiwi　キウイ	098
kouglof　クグロフ	037
kouign-amann　クイニアマン	044

L

lait　牛乳	096
lait concentré non sucré　エバミルク	096
lait concentré sucré　コンデンスミルク	096
lait d'amande　アーモンドミルク	084
lait demi-écrémé	
脂肪分1.7%前後の牛乳	096
lait de soja　豆乳	096
lait écrémé　脂肪分0.3%以下の牛乳	096
lait en poudre　粉ミルク	096
lait entier　脂肪分3.5%以上の牛乳	096
levure chimique　ベーキングパウダー	094
levure de boulanger　イースト	094
levure en poudre　ベーキングパウダー	094
liqueur de mirabelle	
ミラベルのリキュール	099
litchi　ライチ	085
louche　レードル	092
lunettes　メガネ型のサブレ	049

M

macaron　マカロン	046
madeleine　マドレーヌ	047
maïzena　コーンスターチ(商標)	094
manala　男の子の形のブリオッシュ	052
mandarine　マンダリンオレンジ	085
mangue　マンゴー	085 098
manique　鍋つかみ	093
marbrage　大理石模様をつけること	115
marbre　大理石の作業台	065
marron chaud　焼き栗	019
marron glacé　マロングラッセ	072 084
maryse　ゴムべら	092
massepain　マジパン	072
massepain d'Issoudun	
イスーダンのマジパン	076
melon　メロン	085
mendiant　マンディアン	062
menthe　ミント	085 099

menthe poivrée　ペパーミント	099
meringue　メレンゲ	036 046
meringue française　フレンチメレンゲ	
	046 102
meringue italienne　イタリアンメレンゲ	
	046 102
meringue suisse　スイスメレンゲ	046 102
miel　はちみつ	084 096
mille-feuille (millefeuille)	
ミルフィーユ	039
mirabelle　ミラベル	085 098
mixeur　ミキサー	090 108
moelleux au chocolat	
モワルー・オ・ショコラ	041
moka　モカ	084
mont-blanc　モンブラン	036
moulage　型に流し込むこと	065
moule　型	065 093 112
moule à cake　ケーキ用の長方形の型	093
moule à canelé　カヌレ型	093
moule à manqué　マンケ型	093
moule à muffin　マフィン型	093
moule à tarte　タルト型	093
moule en silicone　シリコン製型	093
mûre　ブラックベリー	085 098
muscade　ナツメグ	099
muscat　マスカット	085
myrtille　ブルーベリー	085 098

N

nappage　コーティング用ソース	102 115 124
nappé	
シロップが沸騰して透明になる状態	103
navette　ナヴェット	050
négus de Nevers　ヌヴェールのボンボン	076
niniche de Quiberon	
キブロンのキャンディー	075
noisette　ヘーゼルナッツ	084 097
noix　クルミ	084 097
noix d'acajou　カシューナッツ	097
noix de coco　ココナッツ	084 098
noix de macadamia　マカダミアナッツ	097
noix de muscade　ナツメグの実	099
noix de pécan　ピーカンナッツ	097
nougat blanc　白いヌガー	052 072 084
nougat de Montélimar	
モンテリマールのヌガー	076
nougat noir　黒いヌガー	052 072
nougatine　ヌガティーヌ	060
nougatine de Nevers	
ヌヴェールのボンボン	076

O

œuf　卵	094 124
œuf de Pâques　イースターエッグ	052

INDEX

œuf entier 全卵	094
opéra オペラ	040
orange オレンジ	085 098
orange amère	
ダイダイ、ビターオレンジ	098
orangette オランジェット	062

P

pailleté feuilletine ウエハースの破片	094
pain azyme 無酵母パン	100
pain d'épice パンデピス	048
palet 平らなチョコレート、バタークッキー	062 087
palet d'or	
ガナッシュが入った円形のチョコレート	062
palette パレットナイフ	092
palmier パルミエ	049
pamplemousse グレープフルーツ	085 098
papier aluminium アルミホイル	093
papier d'emballage 包装紙	019
papier sulfurisé クッキングシート	093
papillote de Lyon	
紙に包んだリヨンのお菓子	076
paquet-monté ピラミッド形の包装	019
Pâques 復活祭	052
paris-brest パリ・ブレスト	036
pastillage 装飾用のペースト	103
pastille 平たいタブレット	072
pastille de Vichy	
ヴィシーのタブレット	077
pâte 生地	100
pâte à beignets ベニエ用生地	100
pâte à choux シュー生地	034 035 036 100
pâte à crêpes クレープ生地	044 100
pâte à foncer 042 100	
pâte à frire ベニエ用生地	100
pâte à tartiner トースト用ペースト	062
pâte brisée ブリゼ生地	038 042 100
pâte d'amande アーモンドペースト	060 072 097
pâte de cacao カカオペースト	064
pâte de fruit フルーツゼリー	072
pâte de fruit d'Auvergne	
オーヴェルニュのフルーツゼリー	077
pâte feuilletée 折り込みパイ生地	039 042 049 100
pâte levée 発酵生地	037 100
pâte sablée サブレ生地	042 049 100
pâte sucrée 甘い生地	100
pâtisserie お菓子屋さん、お菓子	002 003 022
pâtissier/pâtissière 菓子職人	024
pavé 正方形や立方体のチョコレート	062
pêche モモ	085
pelle à tarte タルトサーバー	092
pépite de chocolat チョコチップ	062
petit beurre ビスケット	087
petit boulé	
シロップがやわらかいボール状になる状態	103
petit cassé	
シロップを食べると歯にくっつく状態	103
petit filet シロップが糸状になる状態	103
petit perlé	
シロップが広く固めに広がる状態	103
pignon 松の実	084 097
pince à tarte パイばさみ	093 112
pinceau 刷毛	092
pistache ピスタチオ	084 097
pistole de chocolat	
タブレット状チョコレート	062
plan de travail 調理台	090
planche à découper まな板	090
plaque à pâtisserie 製菓用天板	090
plaque à four 天板	090
plombières	
フルーツの砂糖漬け入りアイス	084
poche à douille 絞り出し袋	092
poire 洋なし	085 098
pomme りんご	085 098 124
pompe à l'huile オリーブオイルのパン	052
poudre d'amande アーモンドパウダー	097 124
poudre de chocolat chaud	
ホットチョコレート用粉末	062
praline プラリネ	072
praline de Montargis	
モンタルジーのプラリネ	076
praliné プラリネペースト	060 084
presse-agrumes 果汁絞り器	090
profiterole プロフィットロール	035
pruneau ドライプルーン	097
pruneau de Tours	
トゥールのプルーン菓子	076
puits d'amour ピュイ・ダムール	039

Q

quatre-épices 混合スパイス	084
quatre-quarts	
4材料を同量にして作るパウンドケーキ	048

R

raisin de Corinthe カラントレーズン	097
raisin sec レーズン	037 097
ramequin ラムカン型	093
râpe おろし金	090
récipient 容器	092
réfrigérateur 冷蔵庫	090
refroidissement 冷却	110
réglisse 甘草の根、リコリス	072

reine-claude　レーヌ・クロード	085
religieuse　ルリジューズ	035
réveillon de Noël　イヴの祝宴	052
rhubarbe　ルバーブ	043 085 098
rhum　ラム酒	037 099
riz　米	094
robot de cuisine　フードプロセッサー	090
rocher　岩山型チョコレート	062
rouleau à pâtisserie　めん棒	092 106
ruban　リボン	018
russe　片手鍋	092

S

sabayon　サバイヨン	102
sablage　サブレ状にすること	104
sablé nantais　ナント風サブレ	049
sac à viennoiserie 　ヴィエノワズリー用紙袋	019
sac en papier　紙袋	019
sac en plastique　ビニール袋	019
sachet　小さな袋	019
saint-honoré　サントノレ	035
saupoudrage　まぶすこと	115
savarin　サヴァラン	037
semoule　挽き割り硬質小麦	094
seringue à décorer　デコレーター	092
siphon à chantilly　炭酸ガスの器具	092
sirop　シロップ	096 103
sirop d'érable　メープルシロップ	084
sorbet　シャーベット	080 085
spatule　へら	065 092
spatule en bois　木べら	092
spatule en caoutchouc　ゴムべら	092
spéculoos　シナモン風味のビスケット	087
sucre　砂糖	096 118 124
sucre blanc　白砂糖	096
sucre blond　粗糖	096
sucre candi　氷砂糖	096
sucre casson　あられ糖	034 096
sucre complet　黒砂糖	096
sucre cristallisé　グラニュー糖	096
sucre de canne　サトウキビの砂糖	096
sucre de pomme de Rouen 　ルーアンのボンボン	075
sucre d'orge　大麦糖	072
sucre d'orge de Tours 　トゥールのボンボン	076
sucre en grains　あられ糖	096
sucre en poudre　粉砂糖	096
sucre gélifiant　ジャム用の砂糖	096
sucre glace　粉砂糖	096
sucre roux　粗糖または中双糖	096
sucre semoule　グラニュー糖	096
sucre vanillé　バニラの風味の砂糖	096
sucreries　甘いもの	003

T

tablage 　チョコレートを広げて温度を下げる作業	065
tablette de chocolat　板チョコ	062
tablier　エプロン	093
tamis　ふるい、裏ごし器	090 104
tarte au chocolat 　チョコレートのタルト	043
tarte au citron　レモンのタルト	042
tarte au citron meringuée 　レモンのタルト・メレンゲのせ	042
tarte aux fraises　いちごのタルト	042
tarte aux pommes　りんごのタルト	042 124
tarte aux prunes　プルーンのタルト	042
tarte tatin　タルトタタン	043
tartelette　小さなタルト	042
tempérage　テンパリング	065
température　温度	065
thé　紅茶	084
thermomètre　温度計	065
thym　タイム	099
tiramisu　ティラミス	084
toque　コック帽	093
torchon　ふきん	093
tour　折り込み作業	107
tourage　バターを折り込むこと	106
treize desserts　13のデザート	052
trempage 　チョコレートの中にくぐらすこと	065
Trinitario　トリニタリオ種	064
truffe　トリュフチョコレート	062

V

vanille　バニラ	034 084 099
vergeoise　テンサイの茶色の砂糖	096
vérité de la Palisse 　ラパリスのボンボン	077
verre doseur　計量カップ	090
vide-pomme　りんごの芯抜き器	090
violette de Toulouse 　トゥールーズのスミレの砂糖漬け	077
visitandine　ヴィジタンディーヌ	047

W

week-end　ウィークエンド	048

Y

yaourt nature　プレーンヨーグルト	097
yuzu　ゆず	098

Z

zesteur　柑橘類の外皮むき器	090

著 者
酒巻 洋子（さかまき ようこ）
フリー編集ライター
女子美術大学デザイン科を卒業後、渡仏。パリの料理学校、ル・コルドン・ブルーに留学。帰国後、編集プロダクション、出版社勤務を経てフリーに。2003年再び、渡仏し、現在パリとノルマンディーを行き来。ブログ「いつものパリ」http://paparis.exblog.jp/にてパリのお散歩写真を公開中。著書に「パン屋さんのフランス語」「お散歩しながらフランス語」「カフェでフランス語」「お家でフランス語」「マルシェでフランス語」「お買い物しながらフランス語」「お花屋さんでフランス語」（以上すべて三修社）、「パリのコンフィズリー」（マーブルトロン）など多数。

Remerciements à la famille Lepetit pour leur aide à la réalisation de ce livre.

お菓子屋さんでフランス語

2011年8月20日　第1刷発行
2017年2月10日　第2刷発行

著　者　酒巻洋子
発行者　前田俊秀
発行所　株式会社三修社
　　　　〒150-0001 東京都渋谷区神宮前2-2-22
　　　　TEL 03-3405-4511　FAX 03-3405-4522
　　　　振替 00190-9-72758
　　　　http://www.sanshusha.co.jp/
　　　　編集担当　菊池 暁

印刷・製本　凸版印刷株式会社

装丁・本文デザイン　秋田康弘

© Yoko Sakamaki 2011 Printed in Japan
ISBN978-4-384-05658-7 C0085

JCOPY 〈出版者著作権管理機構 委託出版物〉
本書の無断複製は著作権法上での例外を除き禁じられています。複製される場合は、そのつど事前に、出版者著作権管理機構（電話 03-3513-6969 FAX 03-3513-6979 e-mail: info@jcopy.or.jp）の許諾を得てください。